「書けない」から「あっ 書けた！」へ

子どもが変わる はがき新聞の すすめ

小・中学校の実践

田中博之　森山卓郎　監修

今宮信吾　蛯谷みさ　彦田泰輔　編著

ミズノ兎ブックス
mizunoto books

はがき新聞でコンパクトに書く力を育てる 監修の言葉

1　課題としての「考えて書く」力

　「考えをまとめてきちんと文章を書く」力は社会的に要請される最も重要な国語力の1つです。知らせたい事実や深い考え、いろいろな思いなどがあっても、言語化なしには、すなわち言葉という1本の線にすることなしには、その内容は伝わらないからです。そして、現代社会では、多くの場合、それは「書く」という過程を経る必要があります。

　しかし、この点に大きな課題があるといえます。文化庁「国語に関する世論調査」では、「自分自身の国語に関わる知識や能力の課題」として「考えをまとめてきちんと文章を書く力」をあげる人は決して少なくありません（例えば平成24年度で27.8%）。全国学力・学習状況調査でも、例年、書くことに関する正答率はほかの問題と比べてかなり低いという傾向があります（特に書き換える問題に課題が多いようです）。PISA調査（OECDによる国際的な学習到達度調査）でも白紙回答の多さが問題になったことがありました。

2　コンパクトに書く学習の大切さ

　では「考えて書く」ためにはどのような取組が必要なのでしょうか。それには「量」と「質」という2つの観点が必要です。

　まず、たくさん書いて慣れていくということがあります。絶対的な経験量が少ないと、なかなか「書く」ことに慣れることはできません。さまざまな機会を捉えて豊かな言語活動を展開することが必要です。

　もう1つ、よりよく書くための「経験の質」も大切です。考えの深め方から表現の善し悪しまで、「質」を高めることも重要です。

　そこで考えられるのが、「コンパクトにまとまった文章」を書くという活動です。コンパクトな文章というのは、ただ短いということではなく、一定の独立性と目的性をもった、量的に多くはない文章ということです。量的に小さいということは、抵抗感なく、たくさんの機会を捉えて書ける、ということにつながります。日々の実践のさまざまな場面で取り組むことができるのです。コンパクトな文章を書くことに慣れていくことで、やがては大きなまと

まった文章を書いていく力をつけていくこともできます。コンパクトだからこそ、書くことの絶対量を増やすことにつながるのです。

　また、コンパクトでまとまりがあるということは、内容にそれなりのまとまりがあって、独立性と目的性をもつということで、そこに質的側面が焦点化されます。さらに意味的なまとまりとしての「段落」を複数もつということも構成力育成につながります。

　実際、小学校4年生の「はがき新聞」の取組学級と非取組学級において「がんばっていること」についての作文の200字突破時間の測定を行ったところ、半年の取組で、取組学級では1分以上短くなりました。また、小学生と中学生を対象とした満足度調査では、達成感があること、友だちのものを見ることが参考になること、内容との関係を考えて見出しをつくること、文章をまとめて書く力が付くこと、原稿用紙に比べて苦手意識がないこと、などさまざまな点ではがき新聞の満足度が高いことが明らかになりました[1〜3]。

3　コンパクトに書くことと相手意識・目的意識

　さらに、実際の取組として考えた場合、量と質ということのほかに、学びに向かう力としての「意欲」「楽しさ」ということも重要です。そこで「新聞」という要素が注目されます。新聞は読者に読んでもらうものであり、また、見出しや写真などもあります。見出しは内容の要約や読み手への訴えかけという点で重要な働きをもっています。市販の新聞のような写真などは無理でも、代わりにイラストや図を入れて読みやすくすることができます。

　文章を書きたい、文章を書くのが楽しい、ということは大変大切なことです。これは、友だちが書いたものを読むという活動にもつながります。目的意識と相手意識があれば、書くという活動が単なる練習やシミュレーションではなく本物の「考えて書いて、相手に伝える」活動となります。なお、実際にはがきとして郵送できることも相手意識・目的意識という点で有益です。

4　コンパクトに書く文章としての「はがき新聞」

　はがき新聞は、こうした点でコンパクトに書く活動の1つの代表的な取組として、高く評価されます。

　本来のはがき新聞とは、基本的には、はがきの大きさで、相手意識をもった「新聞」として書くという取組です。新聞としてのタイトル、メイン記事の見出し、サブ記事、イラスト

などのスペースといった新聞的な構成をもって、楽しく読めるようになっています。はがき大の場合は３段構成のことが多いですが、２段の構成のこともあります。また、用紙が大きければ４段以上の構成のものもあります。いずれも、「コンパクトに書く楽しい新聞的文章」として位置づけることができます。罫線やイラストを着色することも楽しい書き方です。

　はがき大の狭い意味でのはがき新聞の長所としては、低学年など文章量が多くない場合には、はがきの大きさくらいがちょうど書きやすいということがあります。これに対して、高学年以上では、はがきの大きさでは字数が少ない場合もありますが、時にはあえて短い字数に表現をまとめるという学習につながることもあります。漢字を効果的に使うことで字数を工夫するということもあります。

　とはいえ、はがきの大きさにこだわる必要はないと思われます。大切なことは、はがき新聞という考え方であって、広い意味でのはがき新聞は、学年や内容によって、もっと字数が多くても、用紙が大きくなってもいいはずです。ただし、コンパクトに、しっかりしたものを楽しくたくさん書いていくということは非常に重要です。「新聞」という要素も、相互の交流などの展開が期待できること、構成、デザインや書字に対する意識を楽しく高められること、見出しを付けることで、情報をまとめる力や表現の効果について考えることができること、といったさまざまな長所につながる点で高く評価できますが、ポスター形式や書店のポップ広告など、ほかの形式を否定するものではありません。

5　はがき新聞の取組にあたって

　はがき新聞で取り上げられる内容にはさまざまなものがあります。教科の学習内容でも、学級活動に関することでも、校外学習のまとめはもちろん、お礼の手紙として郵送することもできます。また、読書に関すること、詩や俳句などの発表、クイズを入れたもの、英語で書くはがき新聞、というように、自由な発想で広げていけます。想定する読み手も同級生に限らず、家族、別の学年や学校の人たち、校外の人たちなど、いろいろと広げていくことができます。

　はがき新聞を書かせる場合の取組にも、さまざまな条件づけをすることが考えられます。例えば「○○という語を使って書きましょう」というように語を指定する方法で、ある概念やある表現を身につけることを目指すこともできます（語指定法）。同様に、いくつの段落で書きましょう、とか、最初の段落でこういうことを、次の段落でこういうことを書きましょう、

といった段落の指定も有益です（段落指定法）。これは、メイン記事で事象を、サブ記事で感想を書くというような書き方の指定にもできます（記事指定法）。その他、例えば見出しを疑問文にして、その答えを本文にするといった文型で書きましょう、といった条件づけもできます（文型指定法）。その他、習った漢字は必ず使いましょう、といった表記指定も有益です。いずれも「つけるべき力」とその評価に連動します。

　例えば年表作りなど、複数のはがき新聞をまとめて模造紙に貼って大きなまとまりをつくっていくといった共同作業も、効果的な学習です。書いた後の付箋などでの交流も楽しくできます。

6　おわりに

　新聞とは、継続的に出されるものです。もちろん単発のはがき新聞もあってよいのですが、「私の」はがき新聞という同じスタイルで継続して出すことで、1つの連続としての意識づけができ、さまざまな工夫の動機づけになります。書いたはがき新聞を取っておき、ポートフォリオとして振り返ることで、成長の軌跡を明らかにしたり、課題を認識したりできることも重要なポイントです。さらに、友だちのものも同じように読み続けることができるので、交流による学びも蓄積されていきます。最初少ししか書けなかった子でも、繰り返す中で豊かに書けるようになる、という秘訣は、その活動の連続性ということの中にもあります。

　本書は、教育現場ではがき新聞の実践にかかわってこられた先生方のご執筆によるもので、タブレットでの作成なども含め、自由な発想での幅広い例を数多く収載しています。本書を活用していただいて、子どもたちの学力を、そしてさらには「生きる力」を高めていっていただけますことを心から願っております。

森山卓郎

文献

1) 森山卓郎「はがき新聞の取組と200字突破時間の調査」平成26年度コンパクトテクストによる文章表現力育成の研究　理想教育財団委託研究調査報告書、2014

2) 神部修一・阪東哲也・森山卓郎「はがき新聞満足度調査」平成26年度コンパクトテクストによる文章表現力育成の研究　理想教育財団委託研究調査報告書、2014

3) 森山卓郎編『コンパクトに書く　国語科授業モデル』明治図書出版、2016

はじめに

　教室には、「書きたい」のになかなか「書けない」子どもたちがいます。「書けない」という残念な気持ちでいる子どもたちが、「あっ 書けた！」という喜びを体感すると、驚くほど書くようになり大きく成長します。その上、その子らしい個性がキラリと輝きを放ち、私たちを魅了するのです。

　本書では、「はがき新聞」という新しい表現ツールを用いて子どもたちに書く力を育てた、小・中学校における優れた実践例を豊富に紹介しています。

　あらゆる教科・領域で子どもたちの書く力は発揮されます。そこで、多様な教科やトピックに分けて子どもたちの魅力的な「はがき新聞」を掲載しています。また、子どもの成長や変化がよく伝わるように、実践事例には「ココに注目！」「子どもたちの成長ポイント」という見出しを付け、さらに、はがき新聞をすべてカラーで掲載しました。なお、漢字の間違いや誤字脱字、スペルミスなどは修正せずに、子どもの作品をそのまま掲載しています。

　子どもたちが生き生きと自分の思いを表現する様子から、「はがき新聞」の素晴らしさを感じ取ってみてください。そして、教室にいる子どもたちと取り組んでみてください。「はがき新聞」に表れた一人一人の子どもの思いや力にきっと新たな発見があるはずです。そして、子どもも先生もともに学び合える感動を味わっていただければ幸いです。

　本書を出版する機会を与えていただいたミズノ兎ブックス清水祐子様と池内邦子様に心より御礼申し上げます。

　「はがき新聞」との出会いにより「書けない」から「あっ 書けた！」へ子どもが変わり、次々にみずみずしい感性が光を放つようになります。そうした子どもたちの個性の伸長と自己実現の支援が広がっていくことを願っています。

編者一同

CONTENTS

はがき新聞をはじめよう

II はがき新聞で子どもが変わる！小学校の実践

はがき新聞で子どもが伸びる！ 中学校の実践

ダウンロード資料について

　ダウンロード資料は、右の二次元コードより
ダウンロードしてご使用ください。

　また、活用にあたっては、次の点をお願い申し上げます。

1　『子どもが変わる　はがき新聞のすすめ』(ミズノ兎ブックス) のダウンロード
　　資料には、本書に掲載されている、はがき新聞、てびき、話し合いマニュアル
　　のほか、未掲載のはがき新聞などを収載しています。本書と合わせてぜひご
　　活用ください。

2　すべてのファイルには、著作権があります。ご使用は、個人的な場面や学校
　　の授業などに限定し、公開の場での利用や、参加費などを徴収する有料の
　　研究会や集会などでのご使用に際しては出典を明記するとともに、ミズノ兎
　　ブックス宛使用許可の申請をお願いします。内容を確認の上、許諾します。
　　また、ホームページなどへの掲載や SNS への投稿を含む、第三者への頒布
　　はご遠慮ください。

3　学校内での利用に限り、印刷の回数・枚数に制限はありません。また、利便
　　性を高めるために各ファイルを校内サーバーにアップロードして共有しても
　　構いません。

I

はがき新聞をはじめよう

学びを深め、心を育むはがき新聞
～自分を綴る力を育てる

今宮信吾

1. つながり、成長するために

　はがき新聞をおすすめする理由は、2つあります。

　1つは、人と人とがつながるためのツールであることです。子どもの素直な感性で捉えた生活の中の出来事を、相手に伝えたいという思いで書き、それを互いに読み合ってつながることができます。もう1つは、はがき新聞を読み合い、相手から自分の書いたはがき新聞にメッセージをもらうことによって、子どもたちの成長を促し、実際に成長していくということです。毎日精いっぱい生きていることを文字で書き記した作品を読み合い交流することで、自分も相手も成長できます。

　はがき新聞は、短く、適切に相手に伝えることができます。そのよさからこれまでさまざまなところで実践され、学校現場に定着してきています。はがきサイズのマス目が印刷された用紙を活用し、伝えたいことをコンパクトにまとめて書くことができるのが特徴ですが、最大の特徴は、はがきという日本が言語文化として大切にしてきたものと、新聞という伝達手段を組み合わせたメディアツールであることです。はがきという形式をとることによって、相手に伝えるという意識をもつことができますし、作品をはがきに印刷して実際に郵送することもできます。また、新聞なので、情報としての新規性が求められ、見出しを付けて表現するなどの工夫も期待できるツールです。このようにいろいろな魅力はありますが、手軽に、しかし大事なことを短く伝えられることがはがき新聞の学習ツールとしての効果だと捉えています。

　加えて、文字を書くスペースが限られていることも着目したいポイントです。語彙力の低下が危惧される中、限られたスペースに文字を埋めるために、伝えたいことを厳選してまとめたり、より適切な言葉に言い換えたりすることが必要になるので、思考力育成にも適しているといえます。伝えたいことの中心点を明確にして、見出しを付けながら相手に自分の想いを伝えることがはがき新聞の基本だからです。

先ほど、はがきは日本が言語文化として大切にしてきたものと述べましたが、「はがき」は、実際に植物の葉っぱに文字を書いて伝えていたことに由来します。その植物は、多羅葉です。戦国時代のころ、武士がこの木の葉に文を書いて送ったことが、「はがき」の語源になったともいわれています。

　GIGAスクール構想が提示されSociety5.0の時代には、手書きで文章を綴るということが少なくなっていくことでしょう。その結果ワープロ機能のある情報機器がなければ言語表現できないという状況も生まれてくるかもしれません。

　このような時代の変化の中で、手書き文字で表現し、伝えるという営みが再注目されています。また、情報があふれる社会で生きていくためには、自分にとって必要な情報を得ることが必要な資質・能力となってきます。はがき新聞はこのような時代に生きる子どもたちに必須の力を育ててくれるツールであると考えます。

2. 文字を書くこととはがき新聞

　文章を書くという行為は、人間に与えられた能力の1つといえるでしょう。音声で伝えることはほかの動物でもできますが、文字を使うことはできません。文字を使用する行為自体に意味があります。現在、文字入力ソフトが開発され、手書きで文章を綴るということが少なくなってきていますが、もっと重視されるべきではないでしょうか。

　カリキュラム・マネジメントが求められ、教科横断的な学習も進められている中、綴るという行為が見直されています。かつて「作文教育か綴り方教育か」ということが話題になりましたが、その違いをまとめると次のようになります。

> 作文教育：子どもたちの発達段階を考慮し、系統的に文章の書き方に重点を置く教育。学習指導要領国語編に示された「書くこと」の領域で展開される。
> 生活綴り方教育：生活全般から書く内容を探し、生活をよりよくすることも目的として自らの生活を見つめ直すために書く教育。系統性よりも、自らの生活経験を重視しながら展開される。

　どちらかがよいということではなく、両者の違いを考慮し、互いのよいところを取り入れながら書くことが大切だと考えます。そしてはがき新聞は、作文教育と生活綴り方教育双方のねらいをかなえるツールです。

3. はがき新聞を書く意味

　では、はがき新聞を書くことにはどんな意味があるのでしょうか。たくさんある中から2つを紹介します。

①自分を見つめる

　はがき新聞の用紙に向かい、「何を書こうかな」と考えているときは、自分というものを見つめ直している時間でもあります。そこに自尊感情を高めるきっかけが潜んでいるのです。私は、授業で「自分のことについて書く」ことをおすすめしています。自己を振り返ることによって自分が存在している意味を感じてほしいからです。

　例えば、自分の名前が付けられた意味を知ることや、自分の未来について書くなどです。自分が成長していくことを感じるとともに、自分の存在に誇りをもち、自分が生まれた意味を考えながら精いっぱい生きてほしい。そのためにもはがき新聞を書くことをきっかけに自尊感情を高めてほしいと考えます。

②自分を伝える

　小学校で教えていたときも、大学生を教えている今も、「先生なぜ文章を書く力がいるのですか」と問われます。その時にはいつも「かけがえのない自分のことを人にわかってもらいたくないかな」と答えています。人は人との関係の中でしか生きていけません。そのためにも、互いを認め合うことが必要です。80億を超える世界の人口ですがもちろん、出会える人は限られています。限られた出会いを大切にし、互いに成長できる関係性を創るためには自分を伝えることがスタートになります。

　「自分と出会った人がみんな幸せになったらいいな」そんな気持ちをもち、はがき新聞で自分のことを伝え続けていけるとよいなと思います。

4. はがき新聞を書くことと生きる力

　中央教育審議会答申においては「個別最適な学び」「協働的な学び」が大切にされています。はがき新聞はこれらにも資するツールです。

①個別最適な学びとはがき新聞

　一人一人の文章表現能力には違いがあります。それを格差と捉えるのか、個性と捉えるのかによって、指導の仕方が変わってきます。はがき新聞は個別最適な学びを保障するツールとしての要素をもっています。文章を書くことが苦手な子の場合には、文章量を

少なくして、非連続型テキストである絵や写真、図表を取り込むことができます。文字情報を補足する形で非連続型テキストを組み合わせることで、一人一人の書く力に合わせて、書く文章量が自分で決められるのです。さらに無理ない量を選択できるので継続して取り組みやすく、結果、文章表現力の向上にもつながります。

②協働的な学びとはがき新聞

はがき新聞の1つの特徴として、見出しを書くことがあげられます。見出しは、自分が伝えたいことをコンパクトに書くという相手意識の表れだと捉えられます。相手にどのように伝わるのか、自分の伝えたいことを正しく、短く伝えられるかを考えて見出しを書くので、日記のような公開を必ずしも前提としない文章では求められない相手意識が必要となります。

また作成後は、「ほめほめタイム」など交流の場面を設定して伝え合い、助言による認め合い、高め合いによって、互いの文章を尊重し合うことで協働的な学びをすることもできます。1人で学ぶという行為だけでは、自分の力で書くという力を伸ばすことは実現できても、人と一緒に学ぶという場が生まれません。そこで、はがき新聞で交流することにより、「この人に読んでもらいたい」という相手意識と「自分が考えていることをわかってもらいたい」という目的意識が明確にできるのです。

はがき新聞は分量が限られているので短時間で読み合い、交流することも可能です。

協働的な学びの根本には、違いがあるから学び合えるということがあります。互いの違いを知り、認める、それを実現しやすいのもはがき新聞のよさです。

③主体的に学習に取り組む態度とはがき新聞

学習指導要領では、「学びに向かう力と人間性等」を育むために、「主体的に学習に取り組む態度」の育成が求められています。そのためには「粘り強さ」と「自己調整力」が必要だともいわれています。はがき新聞を書き続けることで「粘り強さ」を育てることができます。また、相手に正しく思いや考えが伝わるか、自己内対話を行ってから書くことで「自己調整力」を育むことができます。子どもたちが主体的になるためには、自らが何かに向かって行動するということが原動力となります。そのきっかけと行動をつくるのがはがき新聞なのです。

5. 教科横断的学習を創る

はがき新聞は、教科横断的な学びの創出にも生かせるツールです。

①書くことで学びを創る

学校では、全教育活動で、言語能力と情報活用能力、問題・課題解決能力を育むことが求められています。文章を書くことは国語科の授業で育むものだと思われがちですが、実際にはすべての学習において書くことによって育てているのです。本書の実践例（Ⅱ部、Ⅲ部）で、はがき新聞がさまざまな教科領域で展開されていることがそれを示しています。

主体的・対話的で深い学び（いわゆるアクティブ・ラーニング）が求められ、グループでの話し合いが多く授業に取り入れられるようになりました。その際に話しっぱなし、聞きっぱなしという状況が課題となり、書くことによって学びを定着させる必要性も再認識されています。そこで活用できるのが、はがき新聞です。書くことが教科横断的な学びを創り、支えます。

②書けない原因を探る

手書きでもタブレットなどでもはがき新聞に共通していることは、思いや考えを言葉にして文章として完結させることです。思いを言葉にするときに何が障壁になって書けないのかという原因を探ることが必要になるのではないでしょうか。私は、表1のような観点をあげ、子どもたちが書けない原因を探り、個々の指導や支援につなげています。こういった

表1　はがき新聞個別チェック表

創作過程	観点
取材	□書くことが見つからない □書くことがあっても決められない □直接体験・経験が少ない
構想	□何から書いていいのかがわからない □何を中心にしていいのかがわからない □事実と意見の区別ができていない
記述	□書きたいことがあっても語彙が足りない □どの言葉をどのようにつなげばいいのかわからない □文字数に合わせて言い換えることができない
推敲	□読み返して誤字脱字に気づかない □読み手を意識して書けていない □書き換えるための文章が浮かばない

支援の積み重ねにより子どもたちの書く力を伸ばし、教科横断的な学びを創るのです。

　これを参考にそれぞれの教室、家庭でそれぞれの子どもに合わせて書けない原因を見きわめ、適切な指導や支援につなげるとよいでしょう。表１の４つの創作過程と観点を、自分が担当する子どもたちの作文能力の実態を鑑みて取捨選択し、場合によっては観点を加えて活用してください。

6. 自分と他者を知るために読み合う

　図1は、はがき新聞を書き上げた後の交流（「ほめほめタイム」）で伝え合うときのポイントとして「きく」について取り上げます。

聴解力

図Ｉ　聴解力のための３つのきくこと

対話的な学びを進めるためにまずは、３つの「きく」の違いを押さえてほしいと思います。

「聞く」（Hear）：音としてきこえてくる状態

「聴く」（Listen）：心を傾けてきいている状態

「訊く」（Ask）：質問して、相手から言葉を引き出す状態

「聞く」という状態は、無意識の部分が大きいように思います。意識を傾けなければ正しくきけないことになります。また「聴く」は意識的に能動的にきくことになり、傾聴が大切にされる状態です。自分から進んで能動的にきくことに参加するという要素が強くなります。伝える人と受け止める人との役割分担がはっきりしてしまうため、聞き上手といえますが、互いに伝え合うという状況からは離れてしまう可能性があります。話せる人はたっぷりと話し、そうでない人は聞く（聴く）ことに徹する機会が多くなる状態です。そこで、はがき新聞の「ほめほめタイム」では、「訊く」ことを求めます。相手が話すことが苦手な場合などには、相手から言葉を引き出すという働きが期待されるきき方です。

例えば、自分では、はがき新聞の説明がしにくい子がいたときに、それを読んだ人が「ここはこういうことを伝えたかったの」「この文章がいいと思うけれどもう少し教えてほしいな」などというように、会話を弾ませるような働きかけをして訊いてほしいのです。そのことによって互いを知るきっかけを生み出すこともできます。はがき新聞を間に挟んで「ここに書いてあることもう少し聞かせて」「私が書いていることと同じようなことがなかったかな」など、読み合い、訊くことによって、新たな言葉が生み出されることが期待されます。それがはがき新聞を書くだけではなく、読むという楽しみにつながり、さらには読み合う楽しみになります。読み合う楽しみは相手と知り合う楽しみともなるのです。

7. 教育の未来を見据えて

未来の教育を考えるときに、文字を使って文章を書くという行為は残していかなければいけないと思います。本書では、学校のさまざまな場面で生かせる工夫が至る所にちりばめられています。 学校の未来がどのようになっていくのか不透明な中、はがき新聞は1つの希望になると思うのです。一人一人が書く文字が違っているのと同じように、一人一人が書く文章も違っていていいのです。その違いは、まさに個性であり、一人一人の成長を支えるものとなるのです。 未来が見えない世の中だといわれています。しかし、互いが違いを認め合い、それを自らの成長に取り入れることができる子どもたちを育てることで、明るい未来が見えてくるのではないでしょうか。

本書では学校での活用事例を多数紹介しました。掲載している作品に加えて未掲載の作品もダウンロード資料に収載しています。事例をヒントに、いろいろな活用を試していただきたいと思います。学校以外でも家庭や地域との交流などでも使えるでしょう。多様な可能性を秘めたツール「はがき新聞」。まずは自由なアイデアで使ってみませんか。

はがき新聞関連の主な事業（理想教育財団）

はがき新聞助成開始（2007年）

2012年度

NIE実践教育研修会講師派遣
　田中博之「言葉の力を育てる活用学習〜新聞づくりを通して」京都市教育委員会他主催
はがき新聞研究会 研究会報告書
　「はがき新聞を使った授業づくり―その教育効果と授業実践例」刊行：以下年次ごとに随時実施
「学級力向上研究会」への研究委託　田中博之「はがき新聞の教育効果に関する調査・研究」『季刊理想』

2013年度

はがき新聞の教育効果について研究委託
　森山卓郎「コンパクトテクストによる文章表現力育成の研究」（2022年度まで継続研究）
　田中博之「こどもが学級新聞とはがき新聞を通して、学級力向上プロセスを報告する授業方法の解明」

2014年度

教育フォーラム「単元を貫く言語活動とはがき新聞」他
はがき新聞の教育効果について研究委託
　田中博之「子どもがはがき新聞を通して、学級力向上プロセスを報告する授業方法の解明」
　（2018年度まで継続研究）

2015年度

教育フォーラム「単元を貫く言語活動とはがき新聞―アクティブ・ラーニングを具体化した授業のあり方」他

2016年度

はがき新聞研究会（関東部会）　**はがき新聞研究会**（関西部会）
教育フォーラム「言語活動をアクティブに展開するには―はがき新聞の活用を考慮して」他

2017年度

はがき新聞研究会（関東・関西合同）　＋ミニフォーラム
はがき新聞研究会（関東部会）　**はがき新聞研究会**（関西部会）
「私の見つけた言葉ノート」作成、配布

2018年度

はがき新聞研究会（関東部会）　**はがき新聞研究会**（関西部会）
はがき新聞助成開始10周年記念「はがき新聞ひろば」（コンクール）

2019年度

はがき新聞研究会（関東部会）　**はがき新聞研究会**（関西部会）
「みんなが作ったはがき新聞百科」制作（はがき新聞助成開始10周年企画）
はがき新聞の教育効果について研究委託
　田中博之「学級力を高める探究的な学習を取り入れた授業方法の開発研究〜はがき新聞を表現ツールとして活用して〜」（2022年度まで継続研究）

2021年度

はがき新聞研究会（関東・関西合同）
はがき新聞オンラインフォーラム

2022年度

はがき新聞研究会（関東・関西合同）
はがき新聞オンラインフォーラム

2023年度

はがき新聞研究会（関東・関西合同）
教育フォーラム「子どもたちが言語能力を高めるはがき新聞の活用」他

草創期 → 拡張期 → 充実期

2012〜2022年度の理想教育財団の事業報告書をもとに作成

はがき新聞の活用方法と書き方のてびき

蛯谷みさ

　はがき新聞とは、はがきサイズの用紙に学んだことや体験したこと、自分の考えなどをまとめて表すミニ新聞です。その大きさゆえに子どもから大人まで短時間で気軽に書くことができ、手書きによるあたたかさと個性が光る表現ツールとして魅力があります。最近ではICTを生かした活用法も広がってきており、はがき新聞の汎用性は高く評価されています。ここでは特に、子どもたちの学校の授業における活用方法と実際の書き方について紹介します。

1. はがき新聞の特徴

　はがき新聞は、情報を誰かに伝えるといった「新聞」としての機能をもちながらも、そのサイズ[*1]が「はがき」であることから短い文章で完結でき、交換して見合ったり掲示したりすることが簡単であるという特徴があります。また、本来、相手に読んでもらう手紙や新聞の機能をもつことから、相手意識が育ちます。見出しを付けてわかりやすく伝える新聞としての機能ももっていますので、いちばん言いたいことをまとめる力も育ちます。このほかにも「サイズがコンパクトなので、書くことが苦手な子でも負担感が少なく取り組みやすい」「短い時間で取り組むことができる（慣れると小学3・4年生では15分ほどで書き上げるようになる）」「文章だけでなく、色を使って絵も添えて表現できる」「個性が表現されるところも子どもたちに人気がある」「はがき新聞を書きためておくと、学びのポートフォリオとして役立つほか、同じテーマで長文にしたり、壁新聞を作ったりすることも容易になる」といった特徴があります。

2. はがき新聞で育つ力

　このような特徴をもつはがき新聞を授業に取り入れることによって、次のような力や態度が育成できます。

コミュニケーション能力

子どもたちは、自分の考えや情報を他者にわかりやすく伝える方法を学びます。また、完成したはがき新聞を用いて同じテーマで話し合うなど、学級や異年齢の人と交流することでさらに新しい視点を得ることができ、視野を広げ、多様な考えを知ることができるようになります。

編集・要約力

はがきのスペースは限られているため、どの情報が重要でどのように表現するかを考えなければなりません。これによって、情報の編集や要約をする力が高まります。

実際に伝わるように書く力

はがき新聞はある目的をもって書き、実際に多くの人々に読まれるものです。そのため、相手意識をもって実際に伝わるように書く力の育成に大きな効果をもたらします。

社会性・共感性

新聞のテーマを決めたり、内容に関する調査を進める中で、地域や学校、家族といったコミュニティに対する関心が高まり、社会性や共感性を培うことができます。

創造性

レイアウトやデザインを考え、イラストなども自由に描けるので、創造性が育まれます。

自信

書く力の育成は自信を高めることに直結しています。学級の友だちとの相互評価でほめられたり、課題を指摘されて修正することでさらに成長したりして、自信につながり、学ぶ意欲の活性化をもたらす様子が多くの場面で見られます。

このように、はがき新聞を活用することで書く力だけでなく、意見交換や相互評価を通じて多くの力と態度が育まれます。特に、他者からのフィードバックや評価は、自己認識を深め、自信を育む貴重な機会になります。これらがさらなる学びの意欲や活性化につながることは、子どもの育ちの中で大きな意義があるといえましょう。

3. はがき新聞の書き方

それでは、はがき新聞の「基本的な書き方」を図1の学習後の感想を書く場合を例にお伝えします。

図１　小学校４年道徳科「『まっ、いいか』でいいのかな」
　　　（日本文教出版「小学道徳　生きる力４年」）学習後のはがき新聞

　図２の右の枠内の数字が、書く順序になります。

　①では、テーマを決めます。図１の例では道徳学習後の自分の思いを書くというテーマ
でした。

　②については、いきなり文を書くのではなく周りの枠の色ぬりから始めると、書くことが

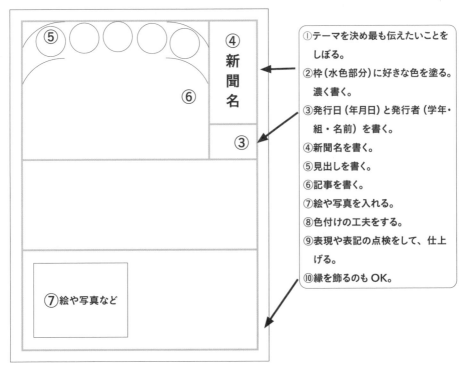

図2　レイアウト見本

苦手な子もこの間に書きたいことがひらめいてくるようです。原則定規で線を書くようにするとよいでしょう。「文字も枠も濃く」という点に留意させましょう。

　③の後、④と⑤はすぐに思い浮かばなければ後から書いてもよいと伝えておきましょう。「見出し」はキャッチーで読みたくなる簡潔な言葉にすることを意識させましょう。

　⑥から書き始めますが、⑦の絵や写真を入れるときにはスペースをあらかじめ空けておくとよいです。書くのが苦手な子には、マスが残ったところに絵を入れるとよいことを伝えておくと書きやすくなるようです。

　ここまでできたら⑧では、題字や見出しがはっきり大きく見えるように文字に影や模様を付け、変化をもたせるなど色付けを工夫しましょう。

　⑨では、誤字、脱字がないか点検、修正をしましょう。

　最後に⑩として、時間に余裕があるときは周囲を額縁のようにしっかり色を塗って飾るのもよいです。1つのアート作品となります。

4. 教科・領域の特質を生かした活用アイデア

　次に各教科・領域の特質を生かした活用方法の例を、本書で紹介する教科・領域を中心に紹介します。

〈国語〉

　「書くこと」の領域だけでなく、「読むこと」「話すこと・聞くこと」「古典」「文法」「漢字・語句」などでも活用できます。

・**創作ミニ物語**　物語の中間や続きを想像して創作ミニ物語をつくります。各自が創作したミニ物語をリレーのようにつないで1つの物語作品を完成させることもできます。

・**漢字の活用**　既習漢字から1字を選んで1段目に大きく書き、2段目にその漢字を使ったわかりやすい文例を書き、3段目にその様子を絵に描きます。こうして漢字の活用を促します。

〈社会〉

　同じ形式でまとめると、比較をしやすく、児童生徒の交流活動を活発化できます。

・**地域調べ**　まち探検など地域の歴史や文化について調べ、その結果をはがき新聞で発表します。それぞれのはがき新聞の情報を分野別に再構成して壁新聞にすることが容易になります。

・**歴史新聞**　歴史上の人物や出来事について、1段目：人物紹介、2段目：その人物が行ったこと、3段目：これに対する自分の考えを書くというように段を分けて使うことができます。

〈算数／数学〉

　単元で学んだことを伝え合う活動に使うと、知識の定着や次時への意欲も高まるほか、多角的な見方・考え方にも気づけます。

・**算数新聞**　箱の体積の求め方を教えるなど。

〈理科〉

　1つのテーマについての「問題提起」や「予想」を各自がコンパクトに書き表し、各々の考えを比較分類して実験、観察に取り組むことができます。

・**興味をもったテーマを探究して発表する**

・**実験や観察の記録**

〈生活〉

・**まちたんけんの記録**　まちたんけんで発見したことをまとめ、クラスで共有します。また、たんけんで訪問した人へお礼状を書き、郵送することもできます。

〈図工／美術、音楽〉

作品の制作・演奏過程や道具・楽器の特徴や技術について紹介したり、鑑賞した際の思いを表したりして、芸術作品への関心を高めます。

- 自分の作品の見どころやつくり方の紹介
- 音楽鑑賞会で聴いた作品についてまとめる

〈家庭／技術・家庭〉

学習したことを生活で活用した場合の効果や失敗談をふまえた留意点を報告し合い、実際に使えるちょっとしたコツを互いに学べます。

- 実習の振り返り
- 日常生活への提言（環境に配慮したゴミ処理、快適な住環境への工夫、など）

〈体育／保健体育〉

体力向上、健康増進のために、技術面、精神面で「考え」「行動する」保健体育を実現するのに役立てます。

- 健康な体づくりへの提言
- 実技種目のコツの紹介
- 見学者の記録　授業を見学している児童生徒に気づいたことを新聞に書いてもらうと、見学している子の授業への参加意欲を高めることにもつながります。

〈特別の教科　道徳〉

新聞にまとめるという活動を入れることで、教材の読み取りにとどまらない道徳的な価値への気づきを促せます。

〈外国語活動・外国語／英語〉

直接横書きでメッセージを伝えたり、英語詩を書いたカードを印刷して広く配布したりすることができます。

- ＡＬＴに自分のことを紹介する
- 授業で学んだ表現を使って書く

〈総合的な学習の時間〉

- 取材のお礼状　取材やインタビューでお世話になった方へのお礼状を書き、届けます。多数印刷して実際に郵送することもできます。
- 課題や分野別の分類・整理　例えば異文化について各グループで課題別・分野別に調べたことを比較したり、カードとして分類・整理したりして使い、知識や理解を深めること

につなげます。

〈特別活動〉

・学級の問題解決のプロセス　学級力アンケートを実施し、その結果をレーダーチャート の変化で分析しながら問題解決のために話し合って対策案を練り、その解決過程や成果、 自分にできることをはがき新聞に表す活動です[2]。これをもとに学級で話し合うと、表現 力のみならず資料分析力や思考力が育ちます。

・学級のいいところ紹介　学級の一日一善や友だちの素敵な言動などを紹介し合います。

〈行事〉

・行事の目標、自分や学級の友だちの活躍、成長したことの3段構成で書くことで行事の 振り返りと成果を確認できます。

〈特別支援教育〉

・行事の振り返り　分量がコンパクトなため書くことへの抵抗感が減らせます。繰り返し 取り組むことで、書く力も向上します。手書きが難しいときはICTを活用してはがき新聞 を作成することができます。

・制作品のバザーのチラシ作成

〈家庭学習〉

　家庭学習力をアップさせることに活用できます。学習習慣、生活習慣、自律心、自己学 習力、自己コントロール力などの領域からなる家庭学習力アンケート[3]の結果をもとに自 分の家庭学習の状況を捉え、改善していく方法を特別活動などの授業ではがき新聞に書き、 友だちと考えます。

・テスト勉強の計画を立てて振り返る

・めあてを決めてよりよい学習生活をデザインする

〈学校図書館等の活用や読書活動〉

・読書記録　本の著者・題名・出版社、好きな箇所やおすすめポイント、アピール文の順 番に3段構成で紹介し、学級や学校図書館に掲示します。

・ビブリオバトル[4]　おすすめの本を持ち寄り、その魅力をはがき新聞で紹介し合います。 読書の楽しさを広めることができます。

〈時事的なテーマなど、特定のテーマやジャンルに焦点を当てた活動〉

・歴史、科学、伝記など特定のテーマやジャンルに焦点を当て、はがき新聞を作成します。 　例：ベートーベン、ワールドカップの勝因など。

このように、それぞれの教科・領域の目的や特質に応じて柔軟に活用することで、多くの学びが生まれます。

5. はがき新聞の種類

はがき新聞は、内容の観点から次のような種類に分類されます。それぞれのねらいやメリットを考え、目的に合わせて活用しましょう。

①事実伝達型

出来事や学習の成果や振り返りの事実を伝えるもの。

②資料分析型

客観的データ（レーダーチャートなどのグラフ）や資料をもとに現状を分析して伝えるもの。

③決意表明型

個人の決意を明らかにしたもの。例えば、学級をよくするために自分はどう考え、どう行動するのかという決意を学級の話し合いの後に書かせると課題解決に向けた一人一人の自覚を促すことができる。

④意見記述型

あるテーマについて自分の意見を述べるもの。例えば、人を傷つける言葉について道徳で話し合い、その後、「言葉の力」というテーマで自分の意見を書く場合がこれにあたる。

①事実伝達型

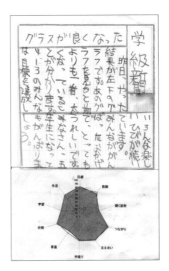

②資料分析型

③決意表明型

④意見記述型

⑤自己評価型

⑥感想総括型

この後、言葉のもつ力について、それぞれの考え方、感じ方を紹介し合うことで学級に多面的な見方をもたらすことにつながる。

⑤自己評価型

　自己を振り返り評価するもの。例えば、学習発表会や行事の後、「『たすけ合って友だちのよさを見つけよう』という劇のめあては達成できたか。どのような友だちのよさを見つけ

られたか。」について自分を振り返って書くなどの例があげられる。

⑥感想総括型

　感想をまとめたもの。年度末に「この1年を振り返って」総括した感想を書くことなど。

　以上の6つは基本的な種類ですが、発展的なものとして、用途に応じて縦置き横置き、縦書き横書きなど用紙を1つのキャンバスのように見立てて自由に使うことが可能です。書く人のアイデア次第で創意と工夫の余地があることがはがき新聞の魅力なのです。

6. 書けない子を書けるようにする工夫

　次に、書くことが苦手な子も書けるようになる工夫についてお話します。

①見本の活用

　特に、書くことが苦手な子どもには、書き方の見本（構成の概要）を示すことが有効です。例えば、図2のようにはじめは具体的に書く場所を示して視覚的にわかるようにすると、書けるようになります。図2の拡大版を前に掲示する、またはプロジェクタで投影した大型

国語科　学習のてびき　はがき新聞

★あなたは「たかし」をどのような人物だと感じましたか。これまでの学習で気づいたこと、考えたことをはがき新聞にしよう！

※文字や色は、濃くはっきりとかこう。

1　はがき新聞の濃い水色の線の上に好きな色で線を引きましょう。

2　①に作成した年月日と自分の氏名を書きましょう。

3　②に新聞の名前を書きましょう。思い浮かばない時は後から書いてもよいです。新聞名は自分で考えて名付けてよいです。　例をそのまま使ってもよいです。（例）国語新聞　アンパンマン新聞

4　③に「見出し」を書きましょう。思い浮かばない時は後から書いてもよいです。
（例）たかしはこんな人　○○を〜する人物　○○な人〜大切に思う人

5　④から縦に書き進めましょう。初めは段落として一マス空けて書き始めましょう。

6　書く内容がわからない人は、次のようなことを参考に3段構成で書いてみましょう。
（1）やなせたかしは、どのような人物か
　やなせさんは、〜（このような）人だ、と私は思いました。
（2）そう思った理由
　なぜなら、〜だからです。（○ページ○行にあるように、〜な時にも〜をしたからです。）それは、やなせさんの〜（こんな）行動に表れています。
（3）今日の学習をして考えたこと
　私はこれまでの学習から、〜（こんなことを）思いました。でも、〜についてはまだわからないので、もう少し、〜についても考えてみたいと思います。
（〜がわかりました。）でも、〜についてはまだわからないので、

7　空いている所には、好きな絵をかいて色をぬりましょう。周りのふちも飾ってもよいです。

8　最後に、もう一度読み直して誤字脱字がないか点検して仕上げましょう。

図3　はがき新聞のてびき
　「やなせたかし──アンパンマンの勇気」（光村図書出版「国語五銀河」）　伝記を読み、自分の生き方について考えよう、という学習で作成したてびきの一例（実践は p.38 参照）

モニターに映し出す、あるいはタブレット画面やプリントなどにより、見本がよく見えるようにしましょう。

　図1を例に解説すると、まずはじめに「まっ、いいか」という考えについての自分の意見を表明します。次に、なぜそう思うのかという理由、そして、その問題を解決するための方法を具体的に自分事として書くという3段構成になっています。

　「私は〜と思います。」「なぜなら、〜からです。」「〜ためには〜するようにしましょう。」というように、大まかな文型を「てびき」（図3）で示すのもよいでしょう。慣れないうちは、1つの段に1つの内容と決めてもよいですが、作成していくうちに図1のように続けて書くことも自由にできるようになります。

②画一化を防ぎ書く力を支援する「てびき」の工夫

　しかし、見本を提示する際にはいくつかの注意点もあります。まず、見本があまりに高度だと子どもたちの意欲を低下させてしまう可能性があります。そのため、子どもたちの書く力を考慮した見本を示すことが重要です。書かせる目的に合わせた見本をあげるとさらによいでしょう。また、見本をそのまま写すような事態を避けるために、見本をどのように活用すればよいかの指導も必要です。そのためには、図3のような「てびき」を作成すると効果的です。

　苦手な子どもには、書く順番など、はじめは基本的な書く方法から丁寧に示し、しだいに書く内容に選択肢を与えるなど、スモールステップで進めていくことが必要です。書き方や構成をアシストして文を書き進められるようになると、子どもはしだいに自信をもって一人一人のアイデアを出すようになり、作品は個性ある内容になってきます。

③はがき新聞交流会

　書くことが苦手な子が書けるようになる工夫の1つとして、子どもたちがお互いの作品を読んでフィードバックをする活動、「はがき新聞交流会」を取り入れることがあげられます。他者と自分とで違う視点や表現方法を学び、自分自身の文章も豊かにしていくことができます。

　時間をかけてステップバイステップで進めることも重要です。「書く」プロセスを急がず、アイデアの出し合いや下書き、修正といった過程を大切にすることで、最終的な文章がより自分自身のものになるよう導くことができます。

　これらの工夫を通じて、子どもたちは自分自身の言葉で考えを表現する力をしっかりと

育んでいくことができるでしょう。これは単に「書く力」を伸ばすだけでなく、書くことを通して「考える力」や「表現する力」を育むことにも寄与する重要なステップとなります。

7. はがき新聞の発展の可能性

　はがき新聞という手書きのよさは生かしながら、ICT を活用すれば、オンライン・ギャラリーで作品を展示して、相互鑑賞することができます。同じ学級の人以外にも遠隔地の学校や祖父母などからコメントをもらい交流することもできます。タブレット上の付箋紙モードで互いにアドバイスして考えを深め合うこともよく見られるようになってきました。ほかにもはがき新聞のテーマについて、オンラインでの話し合いも可能になりました。また、小さい文字を書くことが困難で特別な支援を必要とする子どもや、言葉の壁で立ち止まっている外国籍の子どもたちには、タブレットの操作で拡大して描いたり見たり、キーボードタッチで書いたり、翻訳機能を使って変換するなど、1人1台タブレットやオンラインでの学習支援システムを活用して、さらに多様な活用の可能性が広がってきています。

8. 子どもが変わる、先生が変わる楽しさを

　このようなはがき新聞を取り入れた活動により、子どもたちの自己肯定感が向上し、学習への意欲が活性していき、毎日の学校生活が楽しくなることにつながります。こうして、はがき新聞のさまざまな工夫を展開することで子どものみならず先生も毎日の学習に喜びを感じられることでしょう。

＊1　実際には、はがきサイズ以外にも低学年用など用途に応じたA5サイズのものも用意されています。
＊2　学級力に関する詳しい実践事例については、文献1、2参照。学級力に関するはがき新聞の作品は、本書Ⅱ、Ⅲ、文献1、2参照。
＊3　家庭学習力アンケートについては、文献3参照。
＊4　ゲーム感覚を取り入れた書評合戦
●はがき新聞のレイアウト見本、作品例については、ダウンロード資料に収載していますので、参照ください。

文献

1）田中博之編著『学級力向上プロジェクト3 スマイルアクション事例集』金子書房、2016
2）今宮信吾・田中博之編著『NEW 学級力向上プロジェクト 小中学校のクラスが変わる 学級力プロット図誕生！』金子書房、2021
3）田中博之編著『アクティブ・ラーニングが絶対成功する！ 小・中学校の家庭学習　アイデアブック』明治図書出版、2017

はがき新聞と交流活動
～教室内コミュニケーションの新たな扉に

彦田泰輔

1. はじめに

　はがき新聞といえば、はがきサイズ大のコンパクトな用紙に短い記事やイラストが描かれたものを思い浮かべると思います。しかし、その狭い空間内には、驚くほどのクリエイティブなエネルギーが凝縮されています。このエネルギーは、教師と子ども、そして子ども同士の対話と協働によって引き出され、形になっていくものです。

　私が教室ではがき新聞指導を行う際に最も力を入れているのは、作成した作品を交流する活動です。この交流活動がもたらす恩恵は大きく、子どもたち自身の書き手としての自信や、他者と共感する力が高まります。

　本稿では、一見限られた表現空間から生まれる多様なはがき新聞の魅力に焦点を当て、その背後にある人間関係の構築と、これからの教育における新たな可能性について提案します。実践事例として、「はがき新聞交流会」や「デジタルとアナログの融合によるプレゼンテーション交流会」を紹介していきます。

　本書で紹介されている数々の美しい作品がつくられる過程で何が行われているのか、その舞台裏を明らかにし、交流会が子どもたちや教室全体にどれほどよい影響を与えているのかをお伝えします。

2. はがき新聞交流会の"もっと"の価値

　はがき新聞自体は一見シンプルですが、その裏には多くの教育的価値が隠されています。しかし、その活動が「書く」ことだけに終わってしまうと、その潜在的な力は十分に引き出されないこともあります。この「はがき新聞交流会」は、その部分を引き出す仕掛けとして、書いたはがき新聞を共有し、その反響を直接体験することで、子どもたちが「また書きたい！　もっと上手に書けるようになりたい！」と感じるように工夫されています。この結果、「〇〇さんが自分のはがき新聞をほめてくれてうれしい！」という満足感を生む好循環が生まれます。

3. はがき新聞交流会の進め方

　「コンパクトにまとまった文章」という特性（すぐに読み取ることができる）を生かし、通常「書くこと」に重点が置かれがちな活動を「交流会」として発展させます。友だちが書いたはがき新聞に対する理解を深めるだけでなく、作者自身に対する理解や学級内でのコミュニケーションも高めることを目指します。

　テーマや形式にとらわれず、どんなはがき新聞でも共通して使用できるのがこの交流会の特徴です。「つながっていたい」「認められたい」という今の子どもたちの特徴を生かし、自分が書いた作品の反応を目に見える形で返し、次回への意欲や、学級内の人間関係まで高めていきます。そのためにも、友だちのために、はがき新聞評を書くという相手意識がもてるような活動を設定しました。

活動の詳細　　　　　　　　　　　　**準備物** はがき新聞、紙留め用クリップ

活動①
友だちのはがき新聞評を書こう（15分）

　4人1組で班を編成。はがき新聞を1人1枚*¹ランダムに配付します。配られたはがき新聞はクリップでプリント*²（図1）に留めます。

　概要、工夫している点、共感できた点の3点をプリントに記入します。

*1　自分の作品や自分と同じ班の子の作品が配られたら、すぐに申し出るようにし、交換します。
*2　図1は児童生徒配付用プリントの「書き方見本」です。ダウンロード資料に編集可能なWordデータがあります。活用ください。

活動②
本人にインタビューしてみよう（5分）

　読んでみて疑問に思った点や文脈の意図、もう少し聞いてみたいと思ったことについて質問を考えて、プリントに記入します。

　活動①で記入する3点と、この質問を考えるところまでを一区切りとし、一斉に作者へのインタビューに移ります。教師は時間のマネジメントができるよう観察し、個別に支援が必要な子どもには、概要はとばし、インタビューの質問だけでも書くように伝えてください。ここまでの段階で残りの班員に、（班員以外の子の）はがき新聞を紹介するというミッションが発生しているので、インタビューへ自然に接続できます。

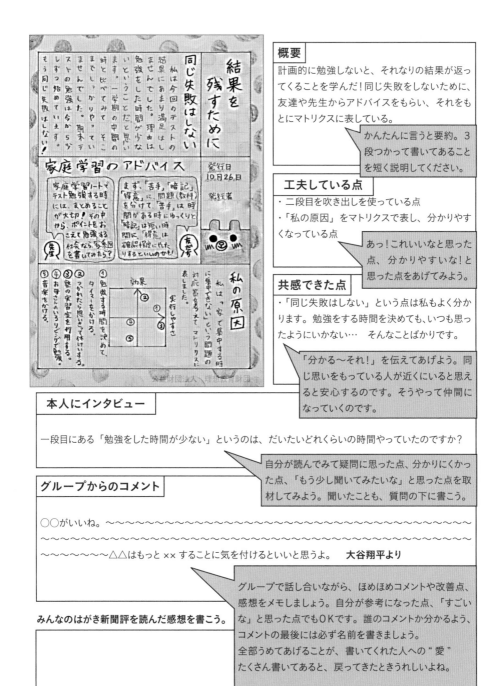

概要

計画的に勉強しないと、それなりの結果が返ってくることを学んだ！同じ失敗をしないために、友達や先生からアドバイスをもらい、それをもとにマトリクスに表している。

かんたんに言うと要約。3段つかって書いてあることを短く説明してください。

工夫している点

・二段目を吹き出しを使っている点
・「私の原因」をマトリクスで表し、分かりやすくなっている点

あっ！これいいなと思った点、分かりやすいな！と思った点をあげてみよう。

共感できた点

・「同じ失敗はしない」という点は私もよく分かります。勉強をする時間を決めても、いつも思ったようにいかない…　そんなことばかりです。

「分かる〜それ！」を伝えてあげよう。同じ思いをもっている人が近くにいると思えると安心するのです。そうやって仲間になっていくのです。

本人にインタビュー

一段目にある「勉強をした時間が少ない」というのは、だいたいどれくらいの時間やっていたのですか？

自分が読んでみて疑問に思った点、分かりにくかった点、「もう少し聞いてみたいな」と思った点を取材してみよう。聞いたことも、質問の下に書こう。

グループからのコメント

○○がいいね。〜〜〜〜〜〜〜〜〜〜〜〜〜〜〜〜〜〜〜〜〜〜〜〜〜〜〜〜〜〜〜〜〜
〜〜〜〜〜〜〜〜〜〜〜〜〜〜〜〜〜〜〜〜〜〜〜〜〜〜〜〜〜〜〜〜〜〜〜〜〜〜
〜〜〜〜〜〜〜〜△△はもっと××することに気を付けるといいと思うよ。　　**大谷翔平より**

グループで話し合いながら、ほめほめコメントや改善点、感想をメモしましょう。自分が参考になった点、「すごいな」と思った点でもOKです。誰のコメントか分かるよう、コメントの最後には必ず名前を書きましょう。
全部うめてあげることが、書いてくれた人への"愛"
たくさん書いてあると、戻ってきたときうれしいよね。

みんなのはがき新聞評を読んだ感想を書こう。

図1　児童生徒配付用「書き方見本」

活動③

自分が書いたはがき新聞評を伝えよう（10分）

話し合いマニュアル（図2）の話型を参考に、はがき新聞はクリップからはずし、班員に見せながら説明する活動を指示します。

こんな工夫！

自分がプリントを読むために、残りの３人ははがき新聞が見えにくくなります。「みんなに紹介するためにもしっかり見せてあげてね。」と言って、クリップをはずしてプリントとはがき新聞を分けるようにします。

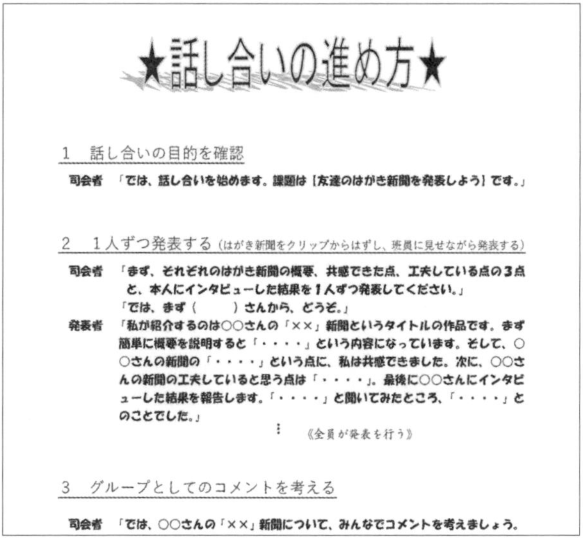

★話し合いの進め方★

1　話し合いの目的を確認

司会者　「では、話し合いを始めます。課題は【友達のはがき新聞を発表しよう】です。」

2　1人ずつ発表する（はがき新聞をクリップからはずし、班員に見せながら発表する）

司会者　「まず、それぞれのはがき新聞の概要、共感できた点、工夫している点の3点と、本人にインタビューした結果を1人ずつ発表してください。」
「では、まず（　　　）さんから、どうぞ。」

発表者　「私が紹介するのは○○さんの「××」新聞というタイトルの作品です。まず簡単に概要を説明すると「・・・・」という内容になっています。そして、○○さんの新聞の「・・・・」という点に、私は共感できました。次に、○○さんの新聞の工夫していると思う点は「・・・・」。最後に○○さんにインタビューした結果を報告します。「・・・・」と聞いてみたところ、「・・・・」とのことでした。」

⋮　《全員が発表を行う》

3　グループとしてのコメントを考える

司会者　「では、○○さんの「××」新聞について、みんなでコメントを考えましょう。

図2　話し合いマニュアルの一部（完全版はダウンロード資料参照）

活動④

グループからのコメントを書いてあげよう（10分）

紹介されたはがき新聞に対し、一人一人コメント（ほめほめコメント）を書きます。作者が返ってきたはがき新聞評を見て、「書いてよかったな、次はこんなふうに書いてみたいな。」と、前向きな気持ちになれるようにします。

こんな工夫！

活動③までで、書くことが苦手な子ども（残念ながら単独であれば充実したフィード

バックが期待できないかもしれない子ども）も、ほかの3人の協力を得て、評価用紙をより充実させることが可能となります。

はがき新聞評を作者に返し、感想を書く（5分）

評価してもらい、コメントをもらったものを見て感想を書きます。

こんな工夫！

子どもたちは、返ってきたはがき新聞評に興味津々です。感動そのままに、感想まで書いて提出させてみてください。慣れるまではここの時間の確保が厳しくなることも予想されるので、スキマ時間も活用してみてください。

指導計画

時間	主な学習活動
15分	**活動①　友だちのはがき新聞評を書こう** 完成作品をランダムに配付し、概要、工夫している点、共感できた点の3点を考えさせて記入する。
5分	**活動②　本人にインタビューしてみよう** 作者との交流活動。
10分	**活動③　自分が書いたはがき新聞評を伝えよう** 話し合いマニュアルの話型を参考に、友だちのはがき新聞のプレゼンを班員に行う。
10分	**活動④　グループからのコメントを書いてあげよう** 「ほめほめコメント」を書く。
5分	**活動⑤　はがき新聞評を作者に返し、作者はもらったコメントの感想を書く**

4. デジタルとアナログの融合のメリット

①効率性と深い思考の両立

　デジタル技術は、情報の速度と効率性に優れています。一方で、アナログのはがき新聞は手書きであることから、子どもが書きながら自らの考えをゆっくりと整理する時間が確保されます。このスローなスピード感が、思考をより深く、より明確にするための空間を生

み出します。デジタルとアナログを融合することで、子どもたちは効率性と深い思考の両方を得ることができます。

② 多角的なフィードバックの促進

アナログの「はがき新聞交流会」では、一度に4人からしかコメントをもらえません。しかし、デジタルの力を借り、タブレット画面で共有することで、より多くの子どもからフィードバックを受けることが可能になります。

図3　タブレット画面を通してコメントをもらっている様子（スクールタクト）

③ ビジュアルとテキストの組み合わせ

デジタルメディアの活用によって、ビデオや画像などのビジュアル要素を簡単に組み込むことができます。これにより、テキストだけでは伝えきれない情報やニュアンスを補完し、より充実したプレゼンテーションを実現できます。

図4　タブレット上に追加された（左）プレゼン補足用画像（スクールタクト）

④プレゼンテーションのアーカイブ

　デジタル技術を用いれば、プレゼンテーションの内容を容易に保存・アーカイブ化することができます。これにより、子どもたちは後で自分の成長を振り返るだけでなく、ほかの子どもとの比較や自己評価にも活用できます。

⑤地理的・物理的な制約の克服

　デジタル技術の活用により、場所など物理的な状況に縛られずにプレゼンテーション交流会に参加することが可能です。さまざまな理由で学校に来られない子どもに対しても新しい学びの機会を提供し、教育へのアクセスを向上させることができます。これにより、学校はそれらの問題に効果的に対応し、子どもの学びの多様化を支援することができます。多様な状況下においても、1人1台端末を用いてはがき新聞を共有し、多角的なフィードバックを受けることができます。また、地域社会や遠隔地の他校との連携への可能性も生まれ、より広い視野と多様な視点を得られます。

5. デジタルとアナログの融合による
##　　プレゼンテーション交流会の進め方

　ここで紹介するのは、3年間継続的にはがき新聞を作成した中学校の生徒たちが、それを基にプレゼンテーションやディスカッションを行い、コミュニケーション能力と自己認識を高めた実践です。3年間の総合的な学びの集大成として書いたはがき新聞を用いました。

3年間の学びをはがき新聞に

　3年間でつくられたはがき新聞は子ども自らの成長の記録となり、まさに「学びのポートフォリオ」ともいえます。卒業前に、これまでのはがき新聞を1つの総合的な作品にまとめることで、子どもは自分自身の進化を客観的に把握し、新たな自己認識を得ることができます。

班→学級→学年の3段階勝ち抜きプレゼン大会

　子どもが作成したはがき新聞は、プレゼンテーション大会で発表されます。最初は小規模な班内での発表から始め、次に学級、最後には学年全体と、学級を超え規模を大きくしていく形式です。この多段階の過程が子どもたちの自信を高め、多様な視点との対話を促します。

タブレット上での交流コメント

　スクールタクトなどの授業支援クラウドにはがき新聞をアップし、発表後にタブレットを使用してほかの子どもからフィードバックを受け取ります。こうしたデジタルを活用した方法は、時間や場所に縛られずに質の高いコミュニケーションを促進します。

指導計画

1時間目	プレゼン練習と準備
	3年間の総合的な学びの集大成として書いたはがき新聞を基にしたプレゼンの練習を行い、デジタル機器を使って情報を整理しつつ、生の反応や感情が共有され、コミュニケーションが深まるようにアナログで深い思考を促します。（＊①）
	＊①は、「4．デジタルとアナログの融合のメリット」で述べたメリット①にあたることを示す。以下＊②〜＊⑤同。

2時間目	班内でのプレゼンと班代表決定
	各班員から一言コメントをもらい、多角的にフィードバックを得ます。これが「班→学級→学年の３段階勝ち抜きプレゼン大会」の最初の段階です。(＊②)
3時間目	学級内でのプレゼンと学級代表決定
	代表者決定後は、プレゼンのブラッシュアップを全員で行うことで、自分たちの学級の代表として送り出すというあたたかい空気も醸成されます。プレゼンの内容をデジタルで保存し、後で見返すこともできます。ここでもコメント機能を活用することで、直前までアドバイスができます。(＊④)
4時間目	学年でのプレゼン
	「チーム学級」として練り上げられたプレゼンを代表者が発表します。準備時間を工夫することでタブレットでビジュアル要素も組み込むことが可能です(＊③)。この実践時は、コロナ禍で学年全体を一か所に集めることは制限されていたので、半ライブ半オンラインで行いました。代表者は自分の教室で発表し、それをほかの教室にライブ中継しました(＊⑤)。

こんな工夫！

本実践は子どもたちが“力作”と思えるようなはがき新聞であれば進め方の汎化が可能です。

同一場所、同一時刻に学年全体で行うことも可能ですし、録画したプレゼンを観てコメントを行うことなら、同一時刻に複数学級で行うことが難しい各教科の授業でも行えます。

6. おわりに
「はがき新聞あるある！?」を乗り越えるために

　継続的なはがき新聞作成は、形式にとらわれ、内容が一定化してしまう可能性があります。そのような状況に直面した際は、中学生のデジタルリテラシーを活かして、彼らに非常に身近な存在であるYouTubeから、はがき新聞がしっかりと読まれ、また魅力的な内容になるような工夫とデザイン思考を学ばせることにもチャレンジさせてみてください。子どもたちの興味やモチベーションを高める一手は、実は身近なところにたくさんのヒントがあります。

　家庭でも学びの一環として前向きに活用するようになると、新しい教育の可能性が広がると思います。

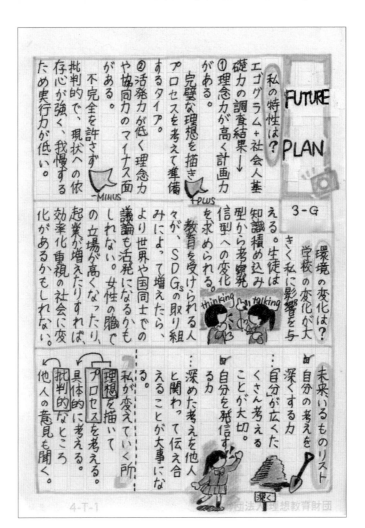

図5　はがき新聞例

3年間積み上げてきたキャリア教育を整理し、未来の自分がどのようになっていくか、自分はどんな成長をしていくか分析することで、自分の生き方を考え、プレゼンしたもの

はがき新聞で成長する子どもたち

磯部征尊

はがき新聞を投函する目的で書いてみよう

はがき新聞は、新聞をコンパクトにしたツールです。つまり、実際の新聞と同じ表現方法が求められます。はがき新聞には、3点の特色（「書きやすさ」「ワクワク感」「書く力が身に付く」）があります。本論では、「ワクワク感」を中心に紹介します。

はがき新聞は、ポストに投函できる手紙（郵便物）です。その機能ならではの魅力を下記に整理します。

はがき新聞（機能）の魅力

①63円切手で日本中どこへでも届けられます。

②相手（発信対象）が明確ですので、双方向性があります。相手からの返事が期待でき、継続的な交流が可能になります。

③「書き上げた充実感や出す楽しさ、もらう喜び、返事を待つワクワク感」が味わえます。

④文字を通したコミュニケーションは、「相手の心に届く・心に残る・心がつながる」可能性が大きくなります。

そこで、はがき新聞を投函する目的で作成した事例を紹介します。児童Aさんは、毎日の学校生活を過ごす中で、感謝を伝えたい友だちが多くいました。Aさんは、友だちのBさんへ感謝を伝えるため、はがき新聞をつくりました（図1）。

Aさんのはがき新聞には、Bさんへの授業中の感謝や尊敬の思いが書かれています。Aさんは、Bさんのおかげで話し合いがうまくできたことや、Bさんの聞く姿勢の素晴らしさを伝えています。Aさんは、はがき新聞を書いた後、そのはがき新聞をBさんあてで投函したのです。はがき新聞を自宅で受け取ったBさんは、その翌日、「Aさん、はがき新聞を送ってくれてありがとう。こちらこそ、これからも仲良くしてね」と、うれしい気持ちを丁寧に伝えたそうです。Bさんは、その後、御礼のはがきを書いて

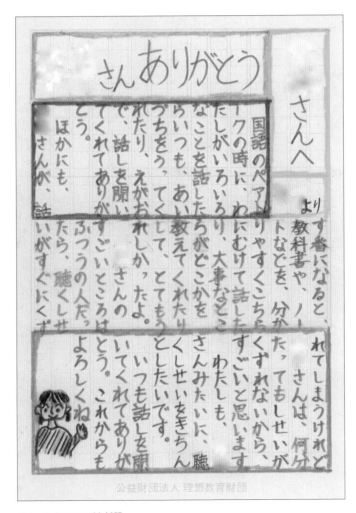

図1　Aさんのはがき新聞

Aさんに投函しました。Bさんが投函したのは、Aさんからのはがき新聞を受け取ったことが、心に強く残ったからだと思います。

　このように、投函する目的意識をもたせることにより、相手からの返事が期待でき、継続的な交流へと発展していく可能性が高まります。

はがき新聞を基に話し合い、自分の成長を実感させよう[1]

「特別の教科　道徳編」の解説には、「書く活動は、児童が自ら考えを深めたり、整理したりする機会」[2]と述べられています。そこで、日々の学級活動という集団活動を通して道徳性をいっそう養う連携の仕方として、はがき新聞の活用をおすすめします。

中学校の担任であるY先生は、毎日の朝会や終会などで、「今の自分たちの姿はどうだろう」と投げかけています。この発問の意図は、なりたい自分とそのために期待する集団のあり方を生徒たちに考えさせることです。

Y先生は、学級目標の実現のために、高める項目や取組を常日頃から意識させています。特に、「道徳」の授業では、この1か月でなりたい自分や、理想の自分に近づくために何をしていくべきかを、はがき新聞を使って表現し、話し合いをさせています。生徒Cさんは、「メリハリの向上」を目指し、生徒Dさんは「チャレンジする意識」をさらにもつことを目指して、はがき新聞に現在の思いや現状を分析したものを記入しました。その後、次のような話し合いが行われました。

Cさん「授業のチャイムが鳴ったら、気持ちの切り替えができるとよいと思います。みんながそれを意識することで、団結力も生まれると思います。」

Dさん「Cさんに賛成です。日常生活でも気持ちの切り替えができると、周りの人からも認めてもらえると思います。」

Eさん「確かに、何か大きなイベントがあるとき、その姿勢を発揮できるよね。」

Dさん「Eさんに付け足しで、イベントや学級行事のときには、まだ仲良くない友だちと進んで話をしたり、手伝ったりして、チャレンジする意識を高めたいと思いました。」

このときの生徒たちは、いじめのない学級生活を築くために、集団活動を通して養いたい道徳性の基盤に立った話し合いが展開されていました。

Y先生は、年度末が近づいたころ、生徒たちに、進級していく段階における自分の成長を意識させたり、学級目標を決めたときに込められている思いを今一度確認させたりする機会をつくりました。図2は、生徒Fさんのこれからの日常の学校生活や行

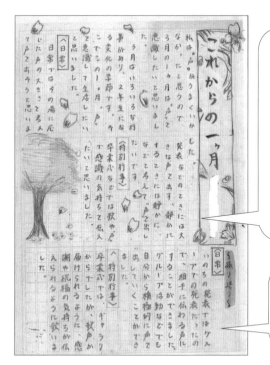

Ｆさんは、書きはじめからおおよそ3分の2程度をこれまでの自分について振り返り、課題としてあげられる点を考え、それを克服していくための方策や意気込みを記述しています。

例として、声を出すという課題を見出し、それを克服するために日常生活と行事という2つの場をＦさん自らが設定し、記述しています。

Ｆさんは、日常生活と行事の2項目で、自らの姿を振り返って記述しています。

図2　Ｆさんのはがき新聞

事で大切にしたい観点を絞ることをまとめたはがき新聞です。

　Ｆさんは、図2の上段・中段のように、「道徳」の時間に振り返った自己の変容を書きました。図2の下段は、後日、上段・中段の内容を見ながら振り返った内容です。

　Ｆさんのように、生徒一人一人が絶えず自分を振り返り、はがき新聞で整理することで、自分自身の課題が見えてきます。生徒たちは、自分たちの課題を克服することで自分自身の成長を実感するとともに、いじめのない学級集団に必要な主体的・協働的に解決する活動の決定と行為ができるようになります。

註・文献

1）田中博之（監修）、磯部征尊（編著）『学級力を高めるはがき新聞の活用2』理想教育財団、2019を加筆修正し、改変

2）文部科学省『小学校学習指導要領解説　特別の教科　道徳編』2017、p.83

はがき新聞 tips その1

　はがき新聞のための原稿用紙は、多数の種類が用意されています。サイズは、はがき判とＡ５判があり、タテ書きが基本ですが、ヨコ書き用のものもあります。原稿用紙には薄い青色の罫線（4ミリ、5ミリ、6ミリ、8ミリ）があり、見出し用の罫線（ストライプ型、アーチ型）が入っているものもあって書きやすく、子どもたち一人一人のニーズや特性に応じて選んで使うことができます。

　また、はがき新聞は書いたら終わり、ではありません。書き上げた作品を活用しましょう。

①掲示し、交流を生み出す

　掲示したはがき新聞を見合うと、友だちの考えや書き方の工夫に気づきます。互いのよさを認めたり、意見を交わしたりといった対話も生まれるので、おすすめです。

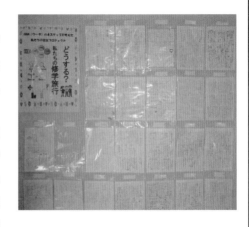

　掲示する際には、はがき新聞専用の「透明ポケット ミテミテ」が便利です。作品をきれいなまま保存、掲示することができます。ポケットの裏面には両面テープがあり、作品を「透明ポケット ミテミテ」に入れて模造紙などに貼りつけるだけで手軽に一覧できる掲示をつくれます。

②ポートフォリオで成長を見取る

　作品をファイルに入れて保管すれば、子どもの成長記録として活用できます。いつでも過去の作品を見返せるので、子どもが自身の変化や成長を実感でき、次の成長へとつながります。完成した作品が散逸しないように、すぐにファイリングするのがポイントです。

※はがき新聞の原稿用紙、透明ポケット ミテミテについては、公益財団法人理想教育財団のウェブサイトを参照ください。　https://www.riso-ef.or.jp

II

はがき新聞で子どもが変わる！
小学校の実践

生き方を綴り、よりよい未来を思考する

実践のポイント

◎国語科と道徳科の教科横断的な学習にははがき新聞を取り入れ、教科の特質に応じた深い読み取りを促す。

◎伝記の並行読書やアニメ視聴と交流により多面的に考える。

◎はがき新聞のてびきの活用により、書くことが苦手な児童も書けるようにする。

◎単元を通して自分の考えをはがき新聞に書く活動と交流を重ねることにより自分の言葉で深く考えるようにする。

1. 生き方を深く考えるためのツール

　単元「やなせたかし──アンパンマンの勇気」(光村図書出版)では、伝記を読んで自分の生き方について考えようと計6枚のはがき新聞を作成しました。学習活動の要所で作成することで書く力の向上を促し、それに基づいた交流によりそれぞれの意見や考えを引き出すことができました。国語科教材で扱われているやなせたかしさんの伝記と関連づけて道徳科「アンパンマンがくれたもの」(光村図書出版)でアンパンマンマーチの歌詞について考える教科横断的な学習を行いました。さらに発展させて他の偉人の伝記を読んだりアニメを見たりして、各自が発見したことをはがき新聞に書きとめて交流することで「よりよく生きる」ということについて、多面的に深く考えることができました。

「アンパンマン新聞」に入れる内容例

必 本時のめあてにそった自分の考え

必 自分の考えを裏付ける根拠(国語科で学んだやなせたかしの伝記と道徳科で学

だアンパンマンの歌詞の両面から考える)

課 今までの学習との関連(てびきから自分の考えを引き出す)

必 必ず入れる内容　選 選択して入れる内容　課 書くことに課題がある子も書きやすくする内容

「よりよく生きるとは正義」「人を助けることにつながる」という発見をたかしとアンパンマンの共通点から見出しています。

アンパンマン新聞（6-T-3）

アンパンマンとやなせたかし

私は、「よりよく生きる」ことにつながるからです。例えば、たかしは、「正義」だと思いました。理由は、人たちのためもるために、しの生き方では、傷ついたそれが表れていると思います。

アンパンマンの歌詞では、みんなの夢をまもるために正義を行うことは、所が心に残りました。また、人を助けることは、...ました。

色分けした線が引かれているところに注目すると、見事にたかしがどんな人物かの答えになっています。しっかり要点をつかんでいる証です。

アンパンマン新聞（6-T-2）

たかしはどんな人物!?

・やなせたかしさんは、何事にもあきらめない人だとわたしはそう思いました。

なぜなら、出版した本に不評されても書き続けていたからです。わたしはこの学習から自分が亡くなるまで絵や物語を書いていたのですごいなぁ、って思いました。P168ページの13行目にあるように「正義」という信念を...

もち、勇気をふりしぼって...

2. てびきをもとに自分の言葉で綴る

　はがき新聞のてびきを作成し、全員に配付しました。番号で手順がわかるようにし、3段構成の例を示して書き方がイメージできるようにすると、限られた字数内で自分の考えを整理しやすくなったようです。文章を書く抵抗感が減り、スムーズに取り組んでいる様子が見られました。

3. それぞれが力を伸ばし、 個性豊かな作品に

　まずは個別で考え、グループで相談し合い、さらに自分の考えを深め、全体で共有する流れで学習を進めました。1人では気づけなかった考えを発見する新たな学びがあり、はがき新聞をポートフォリオとしてまとめたことは、考えを整理し、友だちと見合って考えを深めるのに役立ちました。

　単元最後には「自分はこんなふうに生きていきたい」をテーマに6枚目のはがき新聞を作成しました。並行読書で読んでいた伝記の登場人物や自分の好きなアニメのキャラクターの生き方やセリフからよりよい生き方を考えてはがき新聞にまとめました。ここでは今までのてびきをヒントにしたり、協働学習で深めた考えをヒントにしたりしてのびのびと個性あふれる素敵な新聞を作成していました。また、作成を重ねるにつれて、書くことが苦手な子の絵のスペースが小さくなり、文章量が増えていくという大発見もあり、感動しました。

子どもたちの成長ポイント

自分の生き方を見つめ直し、将来の夢やどう生きていくのかという指針を考えることができた！

継続的に書くことで自分の考えを短い言葉でまとめる力がついた！

書くことが苦手だった子の絵のスペースが次第に小さくなり、文章が増えていった！

学習の最後にてびきなしで書いたはがき新聞です。
「いつもはかえ歌とか言っていたけどこの人生の出来事を読んでそんなことは言えなくなったし……自分がこの本を読んだら言ってなかったと思う」
自分の言葉で深く考えてきたこの子の素直な学びが輝いています。

アンパンマンのマーチとやなせさんの金かしさんの、の出来事を読んで

ぼくは、道徳の人生の出来事をそんなことは言えなくな、えし時間、アンパン読んでアンパン前まで言だ自分マンマーチをきくマンマーチとつがこの本を読んだ前は、おもしろなげた時、全てが言ってなかったい、かえ歌とかがつながって、す思うアンパンコ言っていたけどごく内容のあるンの人生と考せ曲をきいて人生でいつもは、かしの人生はすっ曲だなーとかえ歌とか言てく強く、にた人生思った。いたけどこの人生だとぼくは思った。

6-T-1　　　　公益財団法人 理想教育財団

学びの過程がパッとわかる

1. 学習活動に沿って書くはがき新聞

これまで、はがき新聞を学習のまとめとして書かせることが多くありました。そのため、時間内に1枚を書き上げることに必死になる児童や、自分の考えや気づきを発信するに至らず、教科書を写しただけにすぎない学習成果物を完成させる児童もいました。

社会科「情報をつくり、伝える」(日本文教出版)で取り組んだ本実践では、単元のはじめ・中・終わりという学習活動に沿ってはがき新聞を活用しました。各段に書く内容や目的を明確にし、子どもたちの思考や学びの展開が伝わるような紙面にすることをねらいとしました。

一人一人が設定した課題を解決するとともに、仲間と話し合う中で深めた学びを発信できるようにしました。

「はがき新聞(情報をつくり、伝える)」に入れる内容例

- 必 情報化社会の問題について気になること、調べたいこと(課題設定)
- 選 課題について調べたことのまとめ(情報発信)
- 選 メディアリテラシーについて話し合ったこと(イメージマップ)
- 選 学習を通して考えたこと(学習のまとめ)
- 必 今後の生活に生かしたいこと(自分宣言)

1段目には興味をもったことを自分の課題とし、その設定理由が書かれています。自分だけでなく友だちの問題としても捉えています。

2段目には、ネットいじめについて調べたことの中で、最も伝えたいことを、文章とイラストで簡潔に表現しています。

ダメ絶対！ネットいじめ

私は、インターネットを利用するときに、いろいろな問題を社会の授業で知りました。そのいろいろな問題の中でも、「ネットいじめ」について興味を持ちました。なぜなら、私もいつかいじめをされたら、どのようにすべきなのかを知りたいからです。また、私の友達がされてしまったらどのようにするか教えてあげたいです。

ネットいじめについて！

まず、ネットいじめというものはSNS、メッセージアプリ、ゲームアプリでのやり取りで怖がらせたり怒らせたり恥をかかせることをさします。ネットいじめは心身ともに深刻な影響を及ぼします。

私は、ネットいじめの事を調べているうちにインターネットはとても便利だけど、とても怖いものと思いました。友達がされてしまったら相談にのろうと思います。【結論を書きます！】私はルールを守って正しく利用します。

公益財団法人 理想教育財団

2. 書くことへの抵抗感をなくすために

　はがき新聞の最大の魅力はそのコンパクトなサイズ感にあります。しかし中には、何をどう書くかを悩み、時間内に完成させることができない児童もいます。

　そこで、1段目は課題設定、2段目は調べたことのまとめなど、活動内容に沿って、少しずつ学びを積み重ねて書いていくことにしました。また、友だちと一緒に調べたり、ネット利用の注意点を話し合ったりするなど、友だちの考えに触れる時間を多く取りました。あらかじめ教師がつくった見本の提示も効果的でした。このような手立てにより、書くことへの困り感に悩まされることなく、活動することができました。

3.「書かされる」から「書きたい」へ

　本実践は、個々の興味関心の扉を開け、課題を設定することからスタートしました。調べた資料を読み込み、疑問点はさらに調べたり人に聞いたりもしました。そんな学びのすべてが、1枚のはがき新聞に詰まっていることが価値あることだと感じます。小さな紙面を手にし、友だちと議論を重ねました。「ネットは相手の顔が見えないからこそ、思いやりの気持ちが大事だね。」「マナーとルールを守ることが大切だよ。」など、意見を交流しながらどんどん書き綴る姿がうれしかったです。また、掲示したはがき新聞を見て、新たな気づきを得る様子も見られました。子どもたちの自主的な学びの軌跡が、はがき新聞に刻まれました。

子どもたちの成長ポイント

課題設定をすることで学びに見通しが生まれ、主体的な活動を展開できた！

調べた多くのことから、最も伝えたいことを吟味し、コンパクトに書きまとめる力がついた！

グループで話し合いながら、みんなで考えを広げたり深めたりすることができた！

掲示されたはがき新聞を見合うことで、個々の学びがクラス全体に広がり、よい刺激が生まれた！

読み手に伝わるように言葉を吟味し、心をぐっとつかむような、印象的なタイトルや小見出しをつけています。

課題の原因を調べていく中で、今後身につけていきたい力を見出しています。考えの深まりがわかる紙面です。

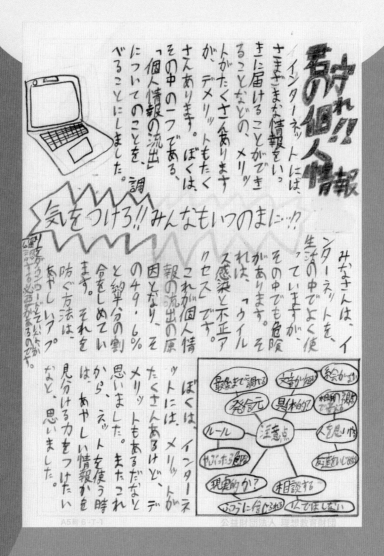

狙われ!!君の個人情報

インターネットには、さまざまな情報をいっきに届けることができることなどの、メリットがたくさんありますが、デメリットもたくさんあります。ぼくは、その中の一つである、「個人情報の流出」についてのことを、調べることにしました。

気をつけろ!!みんなもいつのまに!?

みなさんは、インターネットを、インターネットを、生活の中でよく使っていますが、そのなかでも危険があります。それは、「ウイルス感染と不正アクセス」です。これが個人情報の流出の原因となり、その49.6%をしめています。それを防ぐ方法は、たくさんあるけど、メリットもあるだけに、あやしいアプリなど、見分ける力をつけたいと思いました。

ぼくは、インターネットには、メリットが、たくさんあるけど、デメリットもあるだけに、あやしいアプリなど、見分ける力をつけたいと思いました。また、これは、ネットを使う時は、あやしい情報が危ないから、あやしい情報が危ないかどうか、調べる必要があるのです。

豊かな心と言葉を育む

◎道徳の授業での気づきや考えをはがき新聞で書くことによって自分の心としっかり向き合える。

◎道徳新聞を教室に掲示しながらファイリングしていくことで、自分や友だちの成長を認め合うことができる。

◎年間を通して取り組むことで、作品の質が向上し、物事を多面的、多角的に考えられるようになる。

1. 自分の心と素直に向き合えるツール

　道徳の授業では、先生が望んでいるような考えを言わなくてはいけないのではという空気が教室を覆っているように感じることが多々あります。そこで、道徳の授業を、児童が主体的に、対話的に取り組めるようにするために、はがき新聞を活用しました。

① 　道徳の内容項目と向き合い、自分の考えをもつ。

② 　友だちと意見を交流する。(「本音で話す」「本気で聞く」などのルールを徹底し、話しやすい雰囲気をつくる)

③ 　みんなで考えたことを実践し、自らを振り返る期間をつくる。

　書く前に、児童が自己を見つめ、他者を理解し、自らを振り返る学習活動の流れも大切にしています。そして、心が熟成してきたところで作成します。

「道徳はがき新聞」に入れる内容例

必 自分の心と素直に向き合って感じたこと

選 友だちと話し合って考えたこと、行動して

みて気づいたこと

選 これからどのように考えたり、行動していきたいか

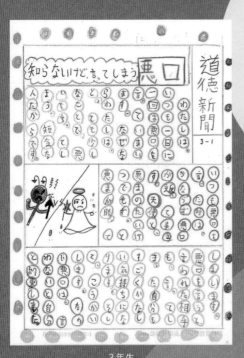

悪口を言ってしまう自分の性格を素直に認め、自分の心の中にある悪魔と天使の心を意識し、イラストでも表現しています。

ココに注目！

3年生

ココに注目！

宿題忘れが多く悩んでいた児童が「強い心」に注目することができました。道徳の授業後の宿題週間で宿題のやり方について親子で考えたことが表現されています。

3年生

2. 新聞を印刷して配布することの意義

　書き上げた新聞は、はがきに印刷して、児童自らが配布します。校長先生や専科の先生、他クラスや他学年など、そのときの内容によって渡す相手を変えました。「すごいね。」とほめられる経験は、次の道徳への意欲につながります。

3. 道徳はがき新聞が成長のポートフォリオに

　年間を通して道徳はがき新聞を制作すると6〜8枚になります。最初は時間がかかったり、書き終えることができない児童がいたりしましたが、続けていくことで誰もが書くことに抵抗がなくなります。文章を驚くほど、短時間でまとめる力がつきます。

　また、文章にまとめるという行為で道徳的価値について深く考えることになり、まさに道徳科の目標である「自己を見つめ、物事を多面的、多角的に考え、自己の生き方について考えを深める」ことにつながっていくのです。

　道徳はがき新聞はファイリングした状態で掲示し、友だちの作品も見られるようにしています。児童自身が学びを振り返り、自己の成長を認識することもできますし、友だちの思いや成長を感じ、互いに認め合う風土を醸成することにもつながります。また、教師は道徳はがき新聞をポートフォリオとして評価に生かすこともできます。1枚目から見ていくと、児童の道徳性に係る成長を継続的に把握でき、進歩、成長の状況がすぐにわかるのです。教師にも児童にも価値あるツールといえるでしょう。道徳はがき新聞の最終号には、自分自身のことだけでなく周りの人や学校、社会にも目を向ける児童が多くなるのも、道徳はがき新聞を続けるおもしろさかもしれません。

子どもたちの成長ポイント

自分の気持ちを表現することに抵抗がなくなった！

自分の中のいろいろな心に注目するようになった！

友だちや周りの人のことを認め、意識して行動できるようになった！

自分の学びを振り返り、まとめる力が身についた！

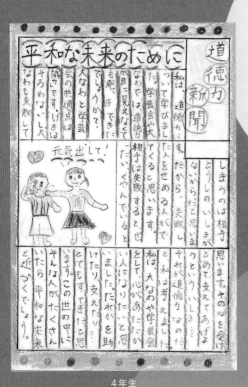

4年生

ココに注目！

1年間書き続けることで、学校生活全般と道徳力を結び付けて考えられています。自分がこうありたいという思いを超え、社会がこうあってほしいという思いも深めています。

ココに注目！

高学年女子の友だち関係は難しい面もありますが、「友情とは何か」話し合いを重ねることで、自分なりに友だちとのかかわり方を深められています。

6年生

1年生の子どもたちをつなぐ

実践のポイント

◎1学期の思い出を振り返り、はがき新聞に書き、自分の気持ちや思いを表現する。

◎1学期のことを振り返ることで、2学期への意欲を高める。

◎レイアウトを工夫したので、1年生でも取り組みやすい。

1. 初めてのはがき新聞

　初めての小学校生活となる1年生の1学期は、慣れないことを一生懸命1つずつ覚える学期でした。そんな1学期の生活を振り返り、2学期への意欲を高めることができるように取り組もうと思ったのがはがき新聞です。

　1学期の思い出を話し言葉だけではなく、形として残したいと思い、取り組みました。ひらがなを覚えて文章がやっと少しずつ書けるようになってきたころの実践で、はがき新聞の取組を続けることにより、文章がたくさん書けるようになり、子どもたち自身にも成長を実感してほしいという思いで行いました。

　初めてでも苦手意識をもたないように、はがき新聞の枠を低学年用にレイアウトして、取り組みました。

「はがき新聞」(1年生)に入れる内容例

必 1学期にいちばん楽しかった思い出　　必 自分のイラスト

必 楽しかった思い出のイラスト

イラストや、枠のデザインを工夫し、個性のある作品に仕上げられています。

ココに注目！

ココに注目！

そのときにしたことや、感じた気持ちを自分なりの言葉でまとめられています。

2. 1年生でもできる取り組み方

　はじめに、1学期の思い出を写真とともに振り返りました。その後、実際に担任がつくったはがき新聞を大きいモニターに映して見せると、子どもたちは、驚きつつ、「やってみたい！」と前向きでした。まだひらがなを習いたてで、小さいマス目に文字を書いたことがなかった子どもたち。1年生でも大量のマス目にやる気を失わず、大きな文字で書けるよう教師が線を引き、枠をつくった用紙でのはがき新聞に取り組みました。書く際にはスモールステップで1箇所ずつ一緒に書いていきました。文を書くことが苦手な子のために、黒板に例文を書き、選んで書くことができるよう工夫しました。子どもたちは書きながら、はがき新聞に書ききれない思いを友だち同士で話し合っていました。ふだんは自分の思いを話すことが苦手な子も、素直に自分の気持ちを言葉に表すことができていました。出来上がったはがき新聞は、次から次へと黒板に並べて貼っていきました。作品を見る時間には、子どもたちの中から自然と友だちの作品を称賛し合う声が聞こえたり、1学期の思い出を話し合ったりする様子が見られました。

3. はがき新聞がもたらしたこと

　1年生の1学期にはがき新聞に取り組むことには、私自身も本当にできるのかなという思いがありました。しかし、実践する中で子ども同士の対話も増え、つながっていく様子が見られ、挑戦してよかったと感じました。また、慣れない学校生活をがんばってきた子どもたちは、1学期を友だちと楽しく振り返り、思い出をはがき新聞として形に残す達成感を味わうことができました。

　みんなで1学期を振り返ることで、ポジティブな経験を思い出すことができ、2学期もがんばろうという意欲を育むことができました。

子どもたちの成長ポイント

友だちに自分の思いを伝える方法を学べた！

友だちの作品を見て、対話が増え、認め合い、学級の絆を深めることができた！

2学期の学校生活への意欲を高めることができた！

枠に図形を入れたり、見出しを2色で色付けしたり、用紙を自分なりに工夫して書いています。マスいっぱいに力強く文字が書かれています。

友だちと楽しく1学期の思い出をつくれたことを「みんなではいったぷうる」と表現しています。

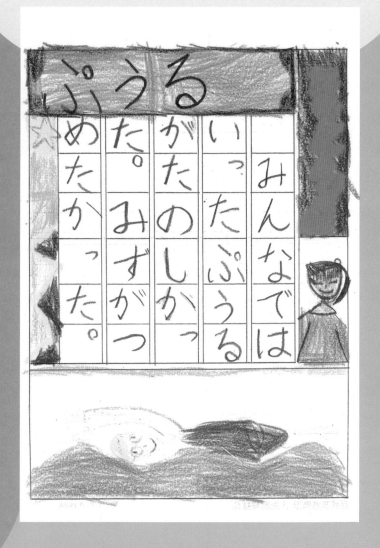

自分も仲間も成長実感

1. 成長を認め合い、実感する機会が生まれる

「やさしい言葉で話すことができるようになったよ。今度は……。」

「協力できる人がすごく増えて、学級力がさらに高まったね。」

これは、実践の中で、児童から聞かれた言葉です。このように自分や仲間の成長を実感し、さらに高めようとする姿を引き出すことをねらいとして、本実践に取り組みました。

実践は「〇月の出来事の共有（板書でイメージマップ作成）」⇒「はがき新聞の作成」⇒「コメントタイム（作品の共有）」といったサイクルで月1回程度行うようにしました。また。本学級（4年1組）では、学級力向上プロジェクト（p.86参照）の取組と関連づけて考えさせることで、ねらいにいっそう迫ることができるようにしました。

「学級力はがき新聞」に入れる内容例

必 成長につながった出来事や活動

選 成長した理由

選 学級力アンケートを意識した取組の振り返り

課 意識したことやがんばったこと

課 今後の目標

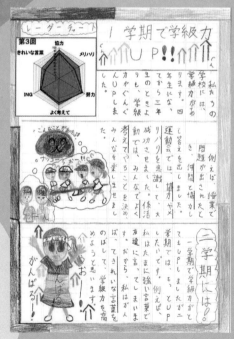

左（5月）と下（7月）の作品を比較すると、書き手の意識が自分自身から学級の仲間へと変容していて、成長を感じます。

ココに注目！

ココに注目！

ランキングや学級力の向上、力を発揮できた具体的な場面をイラストと文章で紹介しているので、説得力があります。

2. 活動のサイクルを意識して

　はじめに、「はがき新聞を書く目的は何か」について、児童と十分に共通理解を図ることが重要です。本実践では、「1」で示したサイクルを提示し、活動の見通しをもたせたことが有効でした。

　1サイクル目には、出来事の共有やはがき新聞の書き方の説明を丁寧に行い、表現したい内容や作成手順を明確にできるようにすることに重点を置きます。初めてで、1人で作成することに自信がない、難しいという児童がいる場合は、ペアやグループではがき新聞を1つ作成するように促すとよいでしょう。そして、1サイクル目の最後には、活動のサイクルの過程を振り返るとよいでしょう。

　このような工夫を取り入れたことで、児童が活動のサイクルを意識して主体的に取り組む姿が随所で見られました。

3.「コメントタイム」で効果アップ！

　互いのはがき新聞を見せ合い、感想や称賛するコメントを付箋に書いて相手に渡す活動を行いました。「運動会でメリハリを意識できてすごい」「やさしくなったね」など、自分のがんばりや成長を仲間と認め合うことができ、たくさんの笑顔が見られました。

　また、誰が何をがんばったのか、次の目標は何かについて効果的に共有する機会になりました。これにより、互いを理解し合い、そして、助け合いながら生活することにつなげることができました。

子どもたちの成長ポイント

自分や仲間の成長を実感し、自己肯定感を高めることができた！

成長を認め合う機会が、互いのがんばりを理解することにつながり、学級をよりよくしようと協力できるようになった！

はがき新聞の作成によって、今後の目標を明確にすることができ、主体的に取り組む姿が見られるようになった！

活動を振り返り、新たな目標を立てる習慣を身につけることができた。他教科・領域においてもその成果を実感することができた！

今の自分について、前学年のときと比較し、成長したことを言葉だけでなく、イラストを交えてわかりやすく表現しています。

オリジナルキャラクターには、変化や成長を認める吹き出しが書かれています。書き手が自身を客観視できている証拠です。

学級力向上プロジェクトの基軸として

◎学級のみんなで話し合って決定し、行ったスマイルアクション（学級をよりよくするための活動）を言語化して振り返ることで、自分たちの取組を価値づける。

◎一人一人の思いや願いを見える化し、学級のよさや課題を自分事として捉えることで、つながりや帰属意識が生まれる。

◎作成したはがき新聞を学級内で共有することで、自分たちの取組を客観的に振り返ることができ、今後に向けた実践意欲や学級に対する所属意識を高める。

1. 自分たちの活動を言語化し、見える化

　現在、子どもたち主体の学級づくりが求められており、創意工夫ある協働的な問題解決学習が学級活動の多くの機会で行われています。その中で、やりっぱなしではなく、自分たちが取り組んだことをさまざまな視点から振り返り、一人一人の思いや願いを伝え合うことのできるはがき新聞は、小学生にとっても非常に活用しやすいツールです。また、活動後の振り返りに書くことで、子どもたちが学級での取組を客観的にアセスメントすることにもつながります。

「学級力向上はがき新聞」に入れる内容例

必 スマイルアクションでの活動内容や各班でアレンジして行ったこと
（※スマイルアクションは、もはん・時間・学習の3つの部隊に分かれて活動）

選 「もはん隊」・「時間隊」・「学習隊」の取組で、学級力が向上した部分とこれからレベルアップしなければならない課題点

題 今後の目指す学級像（もっと、こんな学級にしていきたいな！）

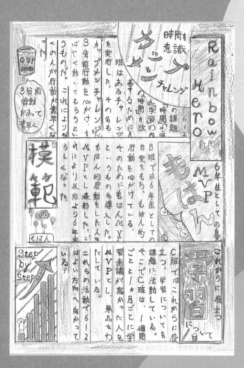

自分たちが一生懸命取り組んできたことを改めて振り返ることで、活動の意味づけができ、今後の見通しをもつことができています。リフレクションとして、機能しています。

ココに注目！

ココに注目！

見出しだけで、伝えたいことがパッとわかる構成になっています。これを読む学級のみんなのモチベーションアップも間違いなしです。

2. 限られた枠組みの中で、 伝える方法を明確にする

　はがき新聞は、決められた紙面の中でいかにして「自分が書きたい（伝えたい）情報をわかりやすくまとめるか」が重要になります。高学年においても、まとめ方のアイディアがすぐに浮かんで、すらすらと書くことのできる子もいれば、自分の思ったことや考えていることをうまく表現できないという子もいます。書き始める前に、今回は何を中心にして書くのかという軸を明確にし、ポイントを整理させておくことが大切です。

　また、はがき新聞の型は、以下の4つに分類できます。

①「イラスト型」：内容に関するイラストを多用して表現し、伝える

②「見出し強調型」：見出しのインパクトで、大まかな内容を伝える

③「ストーリーまんが型」：主にまんが形式で表現して、伝える

④「記事内容重視型」：見出しなどは用いるが、主に文字表現で伝える

　書きやすいタイプの型を選べると、書きやすさも表現意欲も向上していきます。

3. クラスのよさをアピールし、 学級肯定感をUP!

　はがき新聞の作成を学級での活動を振り返る際に行う場合は、個人のがんばりだけではなく、学級全体の様子を俯瞰して書くことが大事なポイントです。なぜなら、学級活動というのは、自分たちの学級生活をよりよくするために、「問題を発見し、課題を見出して話し合い、合意形成したことを協働して取り組む」というプロセスを包含しているからです。自分たちのクラスのよさをアピールし、認め合うことで学級肯定感（ありのままの学級を好意的に受け止め、客観的に捉えて尊重し、所属価値を感じることのできる心の状態）を高めることができます。

子どもたちの成長ポイント

活動の中で見えた学級のよさや課題を振り返り、さまざまな視点から見つめ直すことにつながった！

書く力（文章構成力・表現力・まとめる力）が向上した！

取組の成果と課題を端的にまとめることができています。イラストからも活動のイメージを膨らませることができます。

みんなの声かけが増えたという学級のよい変容に対して、「うれしい！」という思いを自己開示し、率直で前向きな言葉を綴っています。

学校行事の効果をさらに向上

実践のポイント

◎全校で同じ時期にはがき新聞に取り組むことができる。

◎行事を児童自らが主体的に捉え、取り組める。

◎行事を通し、自身・クラス・学年の成長に着目できる。

1. 全校で、学校行事に はがき新聞を取り入れる

　春の校外学習・運動会・ステージ発表会の3つは、全校ではがき新聞を書く行事として特別活動部から提案をしています。特に、運動会やステージ発表会では、学校のスローガンも意識して書くことで、全校一丸となって行事に取り組むことができるようになりました。また、スローガンの浸透も図りやすくなりました。

『林間学習のはがき新聞』（5年生）に入れる内容例

- 必 学年目標について、自分がどのように成長することができたか
- 選 林間学習での友だちとの楽しい思い出
- 選 林間学習に行くまでの取組について
- 選 林間学習後の課題や今後の目標
- 課 行程の中で楽しかった思い出

『修学旅行のはがき新聞』（6年生）に入れる内容例

- 必 学校の代表として、どのような自覚をもった行動ができたか
- 選 班・ペア行動時に意識して取り組んだこと
- 選 行程を通して、がんばったことや思い出に残っていること
- 課 修学旅行の中で、特に印象に残っていること（動物や体験学習）

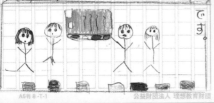

学年で考えたテーマに沿った
ことを意識して書くことができ
ています。
林間学習前に書くことで行事
に臨む姿勢が明確になって
います。

ココに注目！

ココに注目！

振り返りには、協力できた具
体的な姿を書いています。
大きな見出しの横に、自分が
感じたことを書き込んである
ので思っていることがよくわか
ります。

2. はがき新聞の効果をさらに高めるために

本校では、3つのことを大切にしてはがき新聞に取り組んでいます。

1つ目が、学級力向上の取組を行うこと（p.86参照）。その観点から、行事のめあてや、行事までの取組を児童が考え、主体的に行事に取り組めるようにしています。2つ目は、行事を始める前と終わってからの2回、はがき新聞を書かせること。そのことにより、児童の行事前後の心情の変化やめあてに対して自己分析した結果がよく表れてきます。3つ目は、児童が書く内容に困らないように、書くときには行事の様子や記録を見ることができるようにしていること。校外学習では、しおりを用意したり、行事の録画を見たりしています。

3.「学年のめあて・自分の成長」を書く効果

林間学習と修学旅行の作品は、学年のめあてと自分の成長について書いています。
林間学習の学年テーマは「友達と協力した姿を見せる！」でした。
修学旅行の学年テーマは「今よりもレベルアップ＆ステップアップ」で、具体的な目標を学級力と関連させ、①自分で考えて行動する、②時間やルールを守る、③「きく」のレベルを意識して話を聞く、としました。学級力とリンクさせることで、児童の振り返りが具体的になり、行事を通して自身の成長を実感することができます。

4. 学校行事で、はがき新聞を取り組むよさ

学校行事のはがき新聞を書くようになってから、主体的にかつクラスや学年との一体感をもって行事に取り組む子が増えました。また、教師の意識も「児童のための行事」「児童主体」へと変化してきました。ただこなすではなく、成長を実感できる行事へと変革できています。

子どもたちの成長ポイント

はがき新聞と学級力の取組のリンクで振り返りが具体的になった！

学校行事が児童主体に変化していった！

教師の意識も「児童が主体で」に変化した！

興味をもったジュゴンの食べ
方について、イラストで示し、
読み手に伝わるようにしてい
ます。
大切にしたい言葉や、強い
決意を示す言葉は赤枠を付
けて目立つようにしています。

ココに注目！

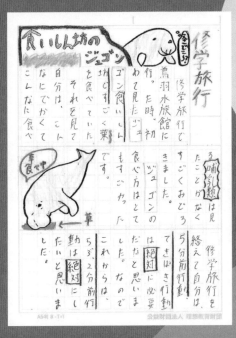

ココに注目！

具体的な目標（3. ①～③ :p.64）
についてふれながら書くこと
ができています。

修学旅行

食いしん坊の
ジュゴン

鳥羽水族館に
行った時、初
めて見たジュ
ゴン食いしん
坊すごく草
を食べていた。
自分は、こん
なにでかくて
こんな食べ

ゴン食いしん坊
です。

草食や

←草

哺乳類は見
たことがなく
すごくおどろ
きました。
ジュゴンの
食べ方はとて
もすごかった
です。なので
これからは
5ふん前行
動は絶対に
したいと思いま
す。

それを見て
自分は、
てきぱき行動
だなと思いま
した。
5ふん前竹行
動は絶対に必要
5ふん前行
動は絶対に
したいと思いま
した。
修学旅行を
終えて自分は

修学旅行

いろんな生き物だらけ
鳥羽水族館

修学旅行前
テキパキ行動
をしていまし
た。
修学旅行当
日でうまくで
きたことは、
二つあります。
一つ目は、
五分前行動が
できました。
たけど使わな
くてもったり
ないから、次
からは使うよ
うにします。

修学旅行前
テキパキ行動
をしていまし
た。
修学旅行当
日でうまくで
きたことは、
二つあります。
一つ目は、
1ボンがあっ

修学旅行で
学んだことは
一つあります。
それは、ク

三つ目は、
きたことです。
修学旅行で
学んだことは
一つありま
す。
それは、
行動を早く
するように
します。

に意識してい
たことが三つ
あります。
一つ目は
聞きたを意識
していました。
二つ目は、
時間を気にし
ながら生活を
していました。

家庭学習を省察する

実践のポイント

◎児童が、自身の家庭学習の取組について省察することで、自身の成長や変化に気づき、学習意欲を高めることができる。

◎児童が、自身の家庭学習の取組の課題に目を向け、今後の目標について考えることができる。

◎日々の家庭学習の取組について、児童一人一人と対話しながら価値づけたり、フィードバックしたりする機会となる。

1.家庭学習力の向上をねらいとして

　はがき新聞は、書く文字数が少ないので児童が取り組みやすく、作成に要する時間があまりかからないという面でも導入しやすいです。新聞なので、家庭学習の成果物を写真で盛り込み、視覚的にも内容が伝わりやすく、児童同士の協働的な学びを促すことができます。はがき新聞の作成は、児童が自身の取組について省察できる機会となり、成長を実感し、次の目標への意欲が高まります。また、内容についての教師と児童の対話を通して、日々の取組の価値づけやフィードバックを行うことができます。家庭学習への意欲を高める取組です。

「家庭学習はがき新聞」に入れる内容例

- 必 どのように家庭学習に取り組んでいるか
- 選 できるようになったことなど、自身の成長や変化
- 選 特にがんばったこと
- 選 これからがんばりたいこと
- 課 家庭学習力アンケートの結果はどうだったか
- 課 友だちの家庭学習のよいところ

※家庭学習力アンケートについては、p.86参照

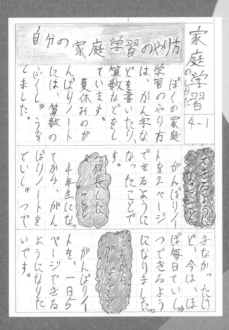

家庭学習力アンケートと、はがき新聞をきっかけに、課題を見つけ、家庭学習の習慣が身についたことがわかります。児童の成長の喜びが全面に表れています。

ココに注目！

ココに注目！

自身の課題と向き合い、成長したことが書かれています。みんなに紹介したい自慢のページを厳選して、載せています。

2. 自身の取組を省察する

　家庭学習のはがき新聞をつくろうとするとき、児童は、自身のこれまでの取組について振り返ることになります。自身の成長について、はっきりとした実感をもっている子。ノートをめくりながら、自身の変化に気づく子。なかなか書き始められない子……と、反応はさまざまです。教師は、児童がはがき新聞に書き出した自身の成長に共感したり、共にノートをめくりながら、児童自身が気づいていない変化があれば価値づけたりします。

　このように、児童が自身のこれまでの取組について深く省察する機会と、教師が児童一人一人にフィードバックする機会が生まれることで、児童のこれからの取組への意欲が高まります。はがき新聞作成後に変化が見られた場合は、その変化をすぐに価値づけます。「明日は、こうしよう。」「次のはがき新聞には、このことを書こう。」と、先が意識されることで、取組が深まります。

3. 協働的な学びを生む

　はがき新聞は、文字数が少ないので、児童は、掲示されているほかの児童の作品を短時間で容易に読むことができます。ほかの児童の家庭学習の取り組み方のよいところを、自身の家庭学習に取り入れる児童が出てきました。自慢のページを縮小コピーして載せる児童も多いため、視覚的にわかりやすく、友だちのいい実践を真似しやすいようです。ほかの児童が載せている家庭学習を見て、まだ誰もやっていないことにチャレンジしようとする児童もいます。児童がそれぞれで活動しながらも、互いに影響し合い、高め合っていくことは、協働的な学びといえるのではないでしょうか。

子どもたちの成長ポイント

自身の成長を実感し、家庭学習への意欲が高まった！

次の目標を意識して、家庭学習に取り組めるようになった！

互いに学び合い、学級全体で家庭学習の取組が活発になった！

読者を惹きつけるよう、カラフルに紙面を工夫しています。

読者が、家庭学習に取り組む際の助けになるように、自身がうまくいった方法を紹介しています。

自身の成長が実感できるページを載せています。

文章で表現したい気持ちが高まる
～特別支援学校

実践のポイント

◎行事の感想文をはがき新聞に置き換え、仲間や教師、保護者に発信し、コメントをもらうことで、伝えようとする意欲を育てる。

◎書くことに対する強い拒否反応を示す子どもが不安なく取り組めるよう、教師との対話の中で書く内容やレイアウトを明確にし、完成までの手順を図で示した。

1.素直な気持ちをそのままの言葉で表現する

　はがき新聞に取り組む前段階として、「新聞名」「見出し」「リード」「エピソード」「感想」「イラストイメージ」「はがきを出す相手」を別紙にまとめて、書く内容を明確にすることは重要です。その一方で、特別支援教育において、文体や文章表現の細かな指示は避け、素直な思いやつぶやきの言葉を奨励しました。これらが書く意欲に作用したと考えています。

　本実践は行事をテーマに作成しました。どんな行事だったか振り返る時間をとり、書く内容を具体的にするようにしました。

「運動会はがき新聞」(10月)、「十三祝いはがき新聞」(2月)に入れる内容例

必 運動会(十三祝い)の詳細(5W1H)

必 運動会(十三祝いの主役として参加した)の感想

選 イラスト(描けない人は文章や写真でも可)

選 家族や先生たち、友だちの反応、コメント

イラストを描いて、臨場感を
表現しています。
「ナイスピッチング」という見
出しを色彩豊かに表現してい
ます。

書くことを苦手としている子
が、楽しく取り組んだことが
文章から伝わります。

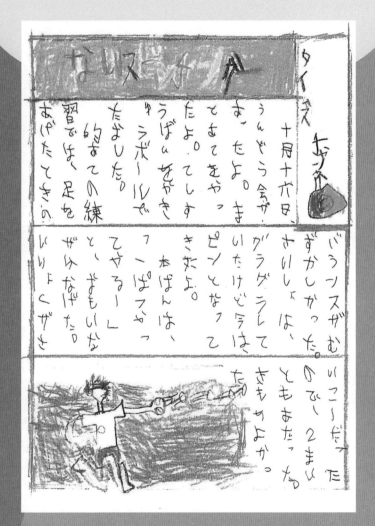

2. はがき新聞の特徴が
　　支援ツールとして機能

　「見出し」によりテーマが明確になること、書く文字数が非常に少なく負担がないこと、イラストで表現を補えること、書く内容や文章量の見通しがもてたことなど、はがき新聞の特徴が書く活動を下支えしたようです。

　「感想文は大嫌い。」と言ってはばからなかった子どもも、はがき新聞では「マス目が足りない」という初めての体験をします。この思いもよらない感覚により、マス目に収めるべく言葉を選んだり、マス目の多い様式に変更したりする子どもが続出しました。中には違った内容で2枚目、3枚目を書き出す子どもも出てきたほどです。

3. はがき新聞との出会いで大きく成長

　紹介したはがき新聞を作成した児童からの希望で、毎日の日記課題は、はがき新聞に変更となりました。継続して書くことで着眼点や表現力が洗練され、気持ちの表出も豊かになっていきました。書きためた作品を廊下に一斉掲示した際は、先生方に付箋紙によるコメントの貼付を依頼しました。読者からの高評価を得て次々に作品を生み出すようになったスパイラルにはこちらが驚かされたほどです。コメントを忘れると「付箋紙を書いてください。」と要求がくることも。他者意識が強くなっていったことを感じました。

　小学部6年生のころには模造紙サイズの方眼紙に「社会見学新聞」「修学旅行新聞」の壁新聞を書き上げるほどの力がつきました。

　保護者から「幼いころ、主治医からは精神的なことが理由で話せるようになるかわからないといわれていたが、はがき新聞に出会ったことで自分の思いを言葉にすることができるようになった。それだけでなく、自分の思いを人に伝えようとする意思が高まり、言葉が増えていった。今は通信制の高校に通っている。たくさん話すようになっており、自分の考えを整理して文章にまとめるレポート課題にも苦労せず取り組めている。はがき新聞で身につけたことがとても役に立っている。」というお話を聞きました。感無量です。

伝えたい事柄をより詳しく書こうとする意欲が文字量の増加に表れています。
マス目からはみ出ていますが、大切な内容だったため削除することは避けました。

行事の流れや周囲の様子も盛り込まれた記事で、他者に対する関心の高まりや視野の広がりが感じられます。

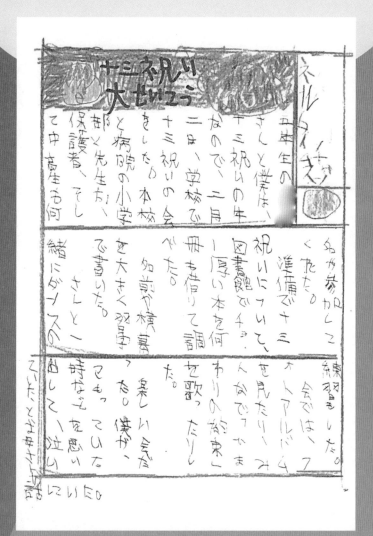

みんなが書ける 成長が見える

◎学級会で話し合ったことに加えて、自分ががんばりたいこと（決意）を書くことで、自分の気持ちを表明することができる。

◎書く内容と場所を指定することで、誰でも書きあげることができる。

◎年間を通して取り組むことで、学級や自分の成長を感じることができる。

1.誰でも書ける、読みやすい

　はがき新聞は、書く文章量が限られており、文章を書くことが苦手な児童でも最後まで書くことができます。ほかの掲示物に比べてスペースが少なくてすむので掲示しやすいこと、また読むことにも時間がかからないので、ほかの作品を読み合う機会をもちやすいこともあり、子どもたちの相互理解も深まります。「自分ががんばること」を書いて読み合うことで、学級への所属意識が高まり、相互理解も深まります。

　年間を通して取り組むと、1年間の終わりには、はがき新聞が自分たちの学級や自分自身の歴史を示すものになります。

「学級会はがき新聞」（小学生）に入れる内容例

学級会で話し合った内容

必 学級のよさと学級の課題（1段目）

必 話し合いで決まったこと（2段目）

決意表明

必 自分ががんばること（3段目）

「みんなで」という項目を立てていることから学級への所属意識の高まりを感じます。

書く内容と場所を指定することで、書くことが苦手な子ですが、カラフルにイラストも入れて、書きあげています。

スマイル新聞 5/13

みんなで がんばろう！！

感謝は……84
積極性は……82
役割は……80
聞く姿勢……53
学習は……28
でした。

クラスのキャラ作り・お話タイム・みんな遊び・お楽しみ会・学習ルールに決まりました。

〈自分で〉
聞く姿勢を直したいと思いました。

〈みんなで〉
学習が28で低かったので、もう少しがんばりたいです。

がんばろう！！

2. 読者を意識した作品へ変わる

　はがき新聞は、誰かが読むことを前提としています。読者が読みやすいように丁寧な字を書く、わかりやすい見出しを付ける、イラストを入れたり色を塗ったりして見やすくするなど、読者を意識した工夫が自然とできるようになります。

　友だちと作品を見合うことで、新たな工夫が生まれていきます。どの子も簡単に書くことができますし、たくさんの工夫が可能であり、子どもたちは飽きずに意欲的に取り組みます。習得した工夫を教科のノートを書くときに生かす姿も見られました。

3. はがき新聞で自信がつく

　文章を書くことに抵抗感のある子や、支援の必要な子も、最後まで書きあげられるので、子どもたちは自信をもつようになります。

　右ページは、書くことが苦手なＡさんの５年次と６年次の作品です。２年間担任をし、年に８回ほど、はがき新聞に取り組んだところ、１年間で大きく成長しました。友だちとの読み合いで、ほめ合ったり学び合ったりする経験が自信になったようです。色づかいや見出しなど、工夫するようになりました。

　はがき新聞には自分の１年間の成長が表れるので、努力や成長を実感することができます。Ａさんは、「文章を書くのはあまり好きではないけれど、はがき新聞は慣れると楽しく書ける。友だちのはがき新聞を読んで自分と違うところを見つけることも楽しい。」と言い、友だちのはがき新聞を熱心に読む様子も見られました。

子どもたちの成長ポイント

字がきれいになった！

読む人を意識した工夫ができるようになった！

教科のノートをまとめる力にもつながった！

クラス、友だちのことが好きになった！

自分の成長を実感できるようになった！

はじめは書きあぐねていた子が継続して書くことで、見出しの書き方やスペースの使い方など、下のはがき新聞では工夫をしています。個人の成長がはがき新聞に表れています。

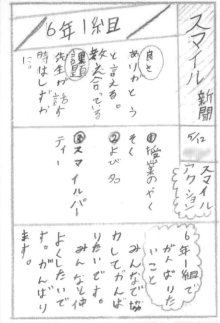

「みんなと仲よくしたい」と、学級への思いが高まっています。5年次に課題だった積極性も感じられます。

マインドとタブレットの二刀流

実践のポイント

◎「おおたにしょうへい」をクラス目標として、挑戦しようとするマインドを育てる。

◎タブレット上で作成することで、書き方の手本を見ながら書くことができ、苦手な児童も取り組みやすい。

◎オンラインで友だちとタブレット上の新聞を読み合うことができ、お互いの作品をほめ合い高め合える。

1. 失敗を恐れずにチャレンジする心を育てるために

　年度はじめに、学級目標をみんなで考えてつくっています。児童の願いを入れるだけでなく、1年間の学級のイメージをもたせるため、折句を用いています。今年度は、野球好きの児童が多いことに加え、誰もが知っていて、憧れる大谷翔平選手の名前を折句に組み入れました。コロナ禍で小学校生活をスタートした子どもたちは、失敗を恐れて新しいことに挑戦したがらない傾向があるので、もっと挑戦してほしいという願いも込めました。大谷選手の活躍が励みになるだけでなく、彼が子どものころから「書く」ことを習慣化して思考を深めていたことも、子どもたちにとって「書く」ことに前向きになれるきっかけとなりました。

「道徳はがき新聞」に入れる内容例

必 自分の考えや経験

選 道徳の授業を通して、学んだこと

選 これから自分はどうありたいか、どう行動していきたいか

道徳新聞

大切な心 ♥

名前：大谷　こうへい

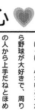

ぼくは、小さいころから野球が大好きで、周りの人から上手だねとほめられていました。だから、自分のプレーがうまくいけばそれだけで成功と思っていました。

でも、道徳の授業で「チームワークについて考えた時にハッと気づきました。野球が本当に上手な人は、プレーがうまいだけでなく、チームメートのことを考えて行動できる人なのです。

これからは、自分のためだけでなく、仲間や周りの人を考えてプレーをしていきたいです。そして、野球の楽しさをみんなに伝えられるようなスーパースターになりたいと思います。

ぼくは、スポーツでチームプレーをするために大切な心は、「仲間を大切にする心」であり、「人を大切にする心」だと思います。

おおたにしょうへい

いっしょうけんめいチャレンジ
おっちゃらさ
たしょうの失敗も
にっこり笑顔のなかま
ゆうすけ合う
へおもいやりをもって
いたがいを認（みと）め合い

道徳新聞

2023年7月13日 発行

長所を作ればいい

名前：

私は長所をタブレットで発表する時いっしゅんで自分の何がいいところか思いつきませんでした。でも、道徳の授業で、短所を長所に変えたり、自分が思うような長所を作ったりすればいいと気づきました。

すると、自分の長所に悩まず思いつくことができました。友達にアドバイスしてもらうと自分では気付かなかった自分の良さがわかります。もっといろいろな人と話して、自分の長所を見つけたいです。

私は、毎日走っているから足が速くなり、計算を毎日やっているからタイピングが速くなりました。毎日振り返りをやっているから計算が速くなり、タイピングが速くなるから足が速くなり、計算を毎日やっています。長所を作ることができるのだと思います。人は努力すればするほど、長所を作ることができるのだと思います。これからも、長所を増やしていきたいです。

自分の長所	
足が速い	いろんな人に認められている
計算がとくい	いい案を発表できる
運動神経がいい	タイピングが速い

ココに注目！

レイアウトを提示し、書くことに挑戦しやすくしています。色や図表などにその子らしさが見て取れます。

2. 書くことへの苦手意識を克服するために

　道徳での学びをタブレット上のはがき新聞で表現することにしました。タブレットの方が取り組みやすいと考えましたが、いざはがき新聞を書くとなると、「何を書いてよいのかわからない」という声が上がります。そのため、書く内容を「はじめ」「中」「終わり」の段落を意識して書くように伝えました。

　そして、はがき新聞のイメージをもちやすいように、見本を提示しました。もし「おおたにしょうへい」が小学校時代に「道徳新聞」を書いていたら、こんな新聞になるのではないかという内容の見本にしました。「はじめ」「中」「終わり」を意識して書き、「終わり」の部分は、現在の彼につながるような見本にしました。この見本を読んだ子どもたちは、新聞の書き方を理解するだけでなく、自分の将来に夢を抱き、楽しみながら新聞を制作していました。

3. タブレット上で見合い、ほめ合い高め合う

　4年生の道徳教材「つくればいいでしょ」(日本文教出版)の学習においては、ムーブノート（協働学習支援ソフト）に自分の長所と短所を書き、グループで見合い、友だちのよいところを伝え合いました。そして、「長所をのばす」ことについての「道徳新聞」をタブレット上に制作しました。短所にばかり目が向いていた子も友だちからよいところを伝えられることで自分のよさに気づけるようになりました。また、作品を見合うことで、友だちの工夫を知り、参考にして書く子もいました。いろいろな人のよさを認め、切磋琢磨する雰囲気が生まれたのも大きな変化です。

子どもたちの成長ポイント

子どもたち同士がお互いのよいところをほめ合うようになった！

以前学習した資料や友だちの新聞を参考にしながら、新聞を書くようになり、物事を多面的、多角的に見る姿勢が育ってきた！

新聞に書くことによって、自分自身のことを改めて考え直すことができています。さらに、友だちにも目を向け、もっと人とかかわって成長したいという思いをもつようになっています。

2023年 7月 18日 発行

道徳新聞

短所は長所に変わる

私は、自分が悩んでいる短所は長所に変わるとは、思っていませんでした。けれども、みんなの力で、短所は長所に変わることを道徳の時間に体感することができました。

自分の短所をみんなに話したら、こんな小さな

短所	短所
算数が苦手	習字が苦手
発表の時に声が小さい	ホワイトボード係として、仕事をさぼってし
人見知り	背が小さい

ての短所が長所に変わるかもしれないと自分にとって大切さに気づきました。

これからは、友達の短所を私が長所に変えてあげようと思いました。そして、私も友達にどんどん相談しようと思いました。お互いに助け合うことの大切さを学びました。

ことで悩んでいたんだと思えてきました。

左の写真のように私は短所は、悩みなんて一人で抱え込まず、誰かに相談するというがいっぱいあります。でも、誰かに話してみると自分にとっ大切さに気づきました。

もしれない。そう気づいた私

学級づくりに生かすはがき新聞

藤原寿幸

学級づくりではがき新聞を活用するメリット

　学級づくりの指導方法はさまざまな考え方があるので、そのような指導方法を高めたい、と思ってもほかの先生から筋道立てて教えてもらえる機会は少ないですし、教えてもらってもそれが自分にマッチするとは限りません。そんな中、はがき新聞は、初任からベテランまですべての先生にすぐに取り組め、学級づくりで効果のある指導法の1つです。特に学級を「チームとして育てたい」と考えている先生におすすめです。学級づくりの側面からはがき新聞のよさを考えると以下の3つがあげられます。

学級づくりの視点からあげられるはがき新聞のよさ

①45分あれば、ほとんどの子どもが仕上げられる。

②全員分掲示して、個や学級の成長の軌跡を記録、確認できる。

③自分と向き合って書き、交流することで自己理解と他者理解が促進されるとともに、人間関係形成の視点がもてる。

はがき新聞で行事を振り返り、学級集団の成長へ

　「学校行事でこそ子どもは成長する」という信念をもつ先生は少なくないです。特に運動会や学習発表会などの大きな行事に向けて、多くの時間と労力を費やします。行事を通して「楽しかった」で終わる学級と、それに加えて「自分も学級としても成長できた」まで実感できる学級では集団としての成長に差がありそうです。学校では、次から次へとさまざまなことを展開する必要があり、振り返りが不十分なまま、「さあ、次！」と進まねばならない状況にジレンマを感じる先生も多いと思います。振り返りとして、一人一人に行事の感想を言ってもらったり、作文を書いたりするケースもあると思います。しかし、これらの方法だと、35人全員が発言する途中で飽きたり、作文

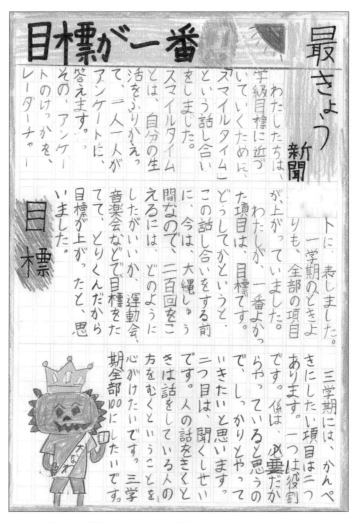

図1　小学3年生が学期末に書いたはがき新聞

では1単位時間では書ききれない子どもがいたりしないでしょうか。そんなとき、先に述べた、①〜③のよさをもつはがき新聞は最適です。

　ただ、行事そのものの「成功」・「失敗」、「勝利」・「敗北」などの結果の視点で書いてしまうと、子どもによっては、書きながら、勝利・成功などわかりやすい結果の喜び

や失敗や敗北のくやしさを再認識することに終始する可能性があります。自分や学級の活動の「プロセス」・「成長」という視点で書くことが重要です。そうすれば結果という表面的な事象だけでなく、どう取り組んだのか、そこから自分や学級はどのように成長できたのか、について向き合うことができます。さらに交流すると自己理解や他者理解が促進され、人間関係形成も図られます。行事ごとにこの作成活動を継続すれば、活動に対して意欲的・習得的に取り組めるようになり、行事や活動を自分や学級の成長につなげようという気持ちをもてるようになると期待されます。

はがき新聞による振り返りの継続によって、単発で終わってしまいがちな行事の成果を、年間を通して蓄積していくことができます。「今回の運動会では学級目標の『協力』を特にがんばることができました。」と書いた児童が2か月後「運動会で達成できた『協力』のおかげで音楽会も協力してできました。音楽会では学級目標の『勇気』についてもみんながんばっていて、私のクラスはすごいな、と思いました。」と書いてくれたことがありました。教師として子どもたちの成長を感じてうれしくなりました。ただそれ以上に、子どもたちがはがき新聞を書きながら、自分や学級の成長を実感しているんだろうな、と考えると、さらにうれしくなります。

学期末・学年末に活用して学級の成長を実感

さらに、少し視野を広げて、「学期」、「1年」をしっかり振り返ることができれば、次の学期・学年にも自信をもって進めそうです。学期・学年末は多忙を極める時期です。私も終業式の日に、通知表や大量の配付物はすべて配付できたか、ということで精いっぱいになっていた初任教員時代を思い出します。その帰りの会で私は、思い出したように「ところでみなさん、この学期は学級目標に向けてがんばることができましたか。」と質問し、子どもたちもなんとなく「はーい。」と手を挙げ、「みなさん、今学期も大変がんばりました。次の学期もがんばりましょう。」という振り返りをしていたことを反省しています。

ここでもはがき新聞は大活躍です。学級活動において、学級目標に照らし合わせて「プロセス」・「成長」を視点に学期を振り返る話し合いを行い、その内容をはがき新聞にまとめます。学級には自分の意見を言うことが上手ではない子どもや、発言自体が苦手な子どももいます。話し合いで発言できなかったことも含めて、考えや思いを

表現してもらう時間にします。それを掲示して読み合えば、この学期、この1年どのようにがんばって、それがどのような形で効果があったか、その効果によって成長し、どのような気持ちなのか、などについて互いに理解を深めることができます。実際の記述には、「みんなが役割をもって一人一人が責任をもってがんばっていたから『役割』がよくなった」「どんなときでもだれかが失敗したとき、『ドンマイ』と言っているから『励まし』が高い」などという表現が見られるようになり、成長を志しながらプロセスの視点を大切にする学級風土が育ちました。

　その後、長期休みを挟んだとしてもはがき新聞は掲示されているので、次学期の開始時も前学期の成長や今学期への意欲は鮮明に思い出され、前向きな学級風土は継続します。このように、はがき新聞の実践は学期末などの節目に取り組むことで、個と全体の成長の確認と、さらなる成長を促すようなポジティブな学級風土を築く効果も期待できます。

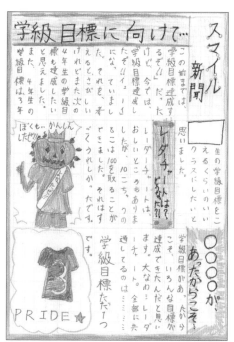

図2　小学3年生が年度末に書いたはがき新聞

はがき新聞 tips　その2

　学級力向上プロジェクトの取組の中や、家庭学習力アンケートとともに、はがき新聞を活用するのもおすすめです。

　Ⅱ、Ⅲの〈学級づくり〉などの実践例でも活用されているので、はがき新聞とともに取り組んでみてください。

①学級力向上プロジェクトとは？

　学級力向上プロジェクトは、Research（診断）、Plan（計画）、Do（実施）、Check（評価）、Action（改善）の R-PDCA のサイクルで行う、子ども主体の学級づくりの取組です。学級力アンケートの一人一人の自己評価の結果を学級レーダーチャートで可視化し（R）、みんなで学級をよりよくする活動を計画し（P）、実施し（D）、評価し（C）、計画を見直して再度活動（A）……という流れです。

　学級力アンケートの結果の分析をしたり、学級力を高めるためにどうしたらよいか考えたり、一人一人が決意を表明したりする際などに、はがき新聞を活用でき、作品を掲示することでクラス全員の思いを一覧・共有することができます。

②家庭学習力アンケートとは？

　自分の家庭学習をよりよくするために、家での勉強や生活の様子を振り返ることを目的とする子ども向けアンケートです。

　学級力向上プロジェクトと同様、R-PDCA サイクルで実施します。家庭学習力アンケートの結果をふまえ（R）、子どもたち一人一人が家庭学習をよりよくする活動を計画し（P）、計画した活動を実施し（D）、評価し（C）、計画を見直して再度活動（A）……という流れになります。

　はがき新聞で自身の活動を客観的に振り返ったり、教師や友だちと共有して価値づけたりできます。家庭学習を改善するとともに、自己マネジメント力の向上も期待できます。

※詳細は、以下の書籍を参照ください。
　今宮信吾・田中博之編著『NEW 学級力向上プロジェクト 小中学校のクラスが変わる 学級力プロット図誕生！』金子書房、2021
　田中博之編著『アクティブ・ラーニングが絶対成功する！ 小・中学校の家庭学習　アイデアブック』明治図書出版、2017

はがき新聞で子どもが伸びる！
中学校の実践

「短歌×はがき新聞」で書く力を高めよう

◎自作の短歌で伝えたい情景や心情を端的に書く。

◎1つの作品として楽しく読めるはがき新聞を作成する。

◎「書くこと」に対する苦手意識を克服する。

1. 言葉選びの必然性を生み出す

　はがき新聞の特徴として「用紙が比較的小さい」「マス目の大きさの種類がさまざまである」「選ぶ用紙によってレイアウトの工夫ができる」などがあげられます。子どもたちは自身で用紙を選択できる一方で、どの用紙を選んでもある程度の制約があるため、言葉を精選しながら新聞づくりに取り組むことになります。あわせて、5・7・5・7・7（＝31音）の短歌づくりでも音数の制限があるため、言葉選びの必然性がよりいっそう増します。

　自作の短歌とその解説文を記したはがき新聞づくりを重ね、生徒たちは楽しみながら語彙を増やし、言葉選びに磨きをかけました。

「短歌新聞」（中学2年生）に入れる内容例

必 自作の短歌

必 解説文

選 情景の具体的な描写

選 心情の具体的な描写

選 工夫のポイント

必 必ず入れる内容　　選 選択して入れる内容　　課 書くことに課題がある子も書きやすくする内容

短歌新聞

バレーボール　2-2

思う人が多いだろう。しかしバレーボールはボールだけでなくプレーも繋ぐことを伝えるために

バレーボールにとって大切な繋ぐということは人数は1人のためにボールを繋ぐ

ぎ、1人はみんなのためにボー……ボールの鼻だと

コート中　仲間が繋いだ　このボール
全て打ちきる　仲間のために

自身の体験を表現した短歌からは、中学生らしい素直な感動が伝わってきます。読者が情景を想像しやすい平易な言葉を選んでいます。

ココに注目！

夏の便り

夏の思い出　2-2

大きな花火があざやかに

この短歌は、夏祭りで花火を見ている様子を表したもの。

夏祭りで花火を見ているときに自分の心がときめきでいっぱいの様子も表現している。

夏祭り　暗闇に咲く　大花火
光の後に　はじける心

光った後、音とともに自分の心がときめきでいっぱいの様子を伝わりやすくしたところ。

工夫ポイント

花火を「開く」ではなくあえて「咲く」と表し、美しさを表現している。

ココに注目！

花火を詠んだ短歌の情景に合わせて題名やイラスト、レイアウトにも工夫が見られ、読み手がわくわくするような1枚です。

2.「読みたい」「読ませて」を生み出す

　はがき新聞には先述した特徴のほかにも「鑑賞や交流のしやすさ」があげられます。1時間かけてじっくりはがき新聞で表現した短歌や解説文。生徒たちは仲間の作品にも興味津々でした。書くことが得意な生徒は何枚も書くことで作品の質を向上させ、苦手な生徒も「このサイズの用紙ならばがんばれば書けそうだ」とプラスに捉えていた様子でした。文章表現の能力の差を生徒が感じにくいという役割があるのだと思いました。

　思春期の中学生が自己表現をする際にもってしまいがちな、ある種の「恥ずかしさ」が取り払われ、交流も活発に行うことができました。

3.「また書きたい」へと昇華させる

　文化庁が行っている「国語に関する世論調査」によると、情報機器の普及により「手で字を書くことが減る」「漢字を手で正確に書く力が衰える」と感じている10代の若者は6割以上に上ります。たしかに、最近の小中学生はタブレット機器が授業に導入されたことで以前に比べて手書きで文章を書く機会が減っているため、そのように感じるのでしょう。そんな今だからこそ、はがき新聞をつくることに意義を感じています。

　「短歌×はがき新聞」の実践を通して、生徒たちの中からは「次はどんなテーマで書きますか?」「次はいつはがき新聞を使いますか?」という声が聞こえてきました。はがき新聞の手軽さや手書きの温かさが子どもたちの作文に対する苦手意識を克服させ、「書く力」を伸ばすのだと思います。

子どもたちの成長ポイント

「書くこと」への抵抗感が減り、書く楽しさを味わえるようになった!

自分の作品を仲間に見てもらう喜びを感じていた!

さまざまな場面ではがき新聞を使いたいという前向きな気持ちが育まれた!

短歌に込めた気持ちや背景を解説文でていねいに説明しています。

仲間の大切さがとてもよく表現されています。特に伝えたい箇所には色をつけ、読み手を意識しています。

大切な宝物

2-3

私はいつも友達と登下校していまず。特にこの短歌は、下校時について書きました。部活終わりに歩きながら今日学校であった面白かったこと、楽しかったこと、困ったことなど、全部話します。そうすると、悩んでいても心が軽くなったり、喜びを二人にいた友達は、当たり前のように一緒に歌を作って、今回短い時間です。そのエアしたりすることができるのです。

日常のことで、特別なことではないけれど、私にとってとても大切な宝物だと気づきました。

太陽に背を向け友と帰る道

はだ焼きながら　今日も笑った

3年間を通して主体的な思考力を養う

実践のポイント

◎教科に親しむはがき新聞から、自分の立場や考えを明確にして根拠をもって伝えるはがき新聞へとステップアップする。

◎学習課題を追究するための根拠となる情報、資料データを教科書や資料集、新聞、ICTを活用して収集、考察する。

◎まわし読みや掲示により互いの作品交流を行うことで、課題に対する見方・考え方を多様な視点で捉える。

1.「相手意識」をもって楽しく学習課題に向き合える

　はがき新聞は「相手意識」をもって作成できるコンパクトなツールです。そこで、どんなふうに相手に読んでもらいたいのか、どんな表現をすればよりよく伝わるのかなどを考えながら作成します。それにより、レイアウトやデザインも含めて自ずと創意工夫し、集中して取り組むようになります。その前提として、生徒が「つくってみたい。伝えたい。」と思うような学習課題を指導者も自ら楽しんで設定することが大切です。

「世界クイズ新聞」（1年地理的分野）に入れる内容例	「天下取り新聞」（2年歴史的分野）に入れる内容例
必 題材にする国の面積や人口といった国の基本データ	必 信長、秀吉、家康の中から天下を取るにふさわしいと思う武将と、その理由
選 国名を答えるようなクイズ	選 理由の根拠となる史実など
選 国名を明らかにしてその国の特色を問うクイズ	選 人物エピソード
課 「読んでみたい」と思わせるような見出し、国旗や地図、イラストなど	選 自分の意見・感想など
	課 「読んでみたい」と思わせるような見出し、年表、イラストなど

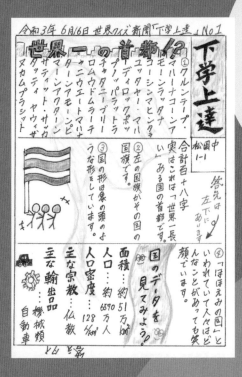

ICTを活用して調べ、読み手の関心を引くような問題づくりができています。見出しを立体的に見せたり、背景に国の形を描くなど、見せ方に工夫があります。

ココに注目！

ココに注目！

提示された学習条件に沿うだけでなく、自分なりの視点をもって考察し、自分の思いも表現できています。

2. 一覧性を生かした実践で集団意識と所属感を

　はがき新聞は個人で作成するものですが、その1枚1枚の存在意義を感じるような取組にすると、生徒は集団意識、所属感をもって学習し、出来上がりに成就感や達成感を得られるようです。

　例えば、それぞれに史実を割り当て、最終的に全員のはがき新聞によって歴史年表が出来上がるというような学習です。長い廊下にはがき新聞の年表が掲示されると圧巻です。また、「平和」というテーマを設定し、一人一人がテーマに迫る題材を決めてはがき新聞を作成します。そして全員のはがき新聞を1つに並べ合わせると、「平和」を示す1つのまとまりになるという学習です。これは、多面的・多角的な捉え方を養うことにつながると考えます。

　はがき新聞はコンパクトサイズなので、そのように一覧性を生かした指導を多様に行うことができます。

3. 横断的な学習を生かして教科目標に向かう

　社会科の究極の目標は「公民としての資質・能力」を育むことです。主権者としていかに持続可能な社会づくりに参画するか、また、よりよい社会の実現のために主体的に課題解決に向かおうとするといった力の育成には、多様な見方・考え方を働かせることが必要になります。

　そのために社会科とSDGs学習や防災学習、進路、道徳などを横断的な学びにすることは有効であると考え、その意識をもちながら取り組ませています。

子どもたちの成長ポイント

自分の主張の根拠となる資料の収集や提示の仕方、考察を主体的、創造的にできるようになった！

相手意識をもち、よりよく伝える工夫を自分らしく行っていた！

完成した作品の学び合いで、多様な視点をもつことができた！

グラフやランキングなど根拠となる資料データをあげ、読み手にわかりやすく考察をまとめています。

他教科・領域におけるはがき新聞の取組も重ねてきたことで、相手を意識した見せ方がさらに工夫されるようになりました。

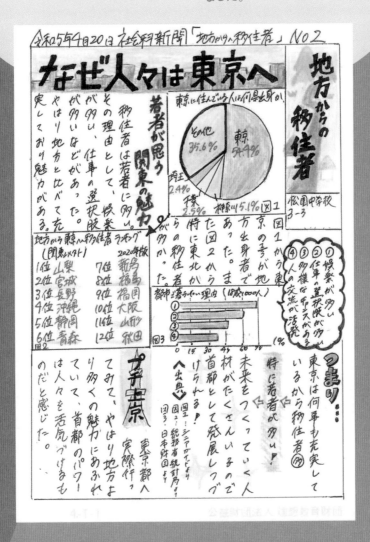

はがき新聞で子どもが伸びる！　**中学校の実践**　**95**

つながる英詩新聞

◎英語で創る5行詩をはがき新聞にまとめる。
◎自由に個性的に表現することを楽しませる。
◎お気に入りの詩を紹介するはがき新聞をつくって交流を深める。

1. 英語の5行詩をまとめ、交流しよう

　英詩を創る授業にはがき新聞をとりいれました。創作した英詩をはがき新聞にまとめると、掲示や配付などで鑑賞が行いやすくなります。第1弾で、英語の5行詩をはがき新聞にまとめて、それぞれが創った英詩を鑑賞し合い、生徒同士でコメントをつけ、交流しました。第2弾で、鑑賞したはがき新聞の中からお気に入りの詩を1つ選び、紹介するはがき新聞をつくり、さらに交流を深めました。

　はがき新聞は、生徒たちの交流を深めるツールとしても有効です。

「英詩新聞」に入れる内容例

必 英語で書いた5行詩と日本語の意味
必 解説や工夫した点
必 イラスト

「お気に入りの詩を紹介しよう新聞」に入れる内容例

必 選んだ詩とその理由
必 感想を英語で書く（最低一文でも OK。

型の提示　I like this poem because…
／ My favorite poem is 〇〇's because…）
選 作者に刺激を受けて同じテーマで自分の
　 詩をコラボ
選 作者へのメッセージ
課 共感できた点
課 みんなの声（インタビュー）
課 私ならこうするよ（提案）
課 こうしたらもっとよくなる（助言）

先頭の文字を読むと一定のメッセージが現れる詩（acrostic）となっています。

自分の好きな"PEACH"をイラストでダイナミックに表現し、個性的な構図です。

有名でみんなだいすきいつもすてきなドレスかわいくてとても照れ屋

Popular
Everyone's favorite
Always nice dress
Cute and very shy
Heart

これは、桃についての詩です。私の1番好きな果物なので、これにしました。縦列が"PEACH"になっています。桃はとても有名で、みんなだいすきな果物です。種類や季節によって、ピンク、黄、白など様々なドレスを着ているように見えます。さらに、ピンクの桃はみんなに好かれて恥ずかしがっているようにも見えます。桃にも心があるのかなと思い、最後に心を入れました。

2L No.

2. はがき新聞で生徒同士の 人間関係づくりを

　お互いのはがき新聞を回し読みし、ほかのクラスの子からもコメントを書いてもらいました（ダウンロード資料参照）。はがき新聞はコンパクトなので読みやすく、短い時間でも多くの生徒のコメントが得られることが魅力です。5行詩をはがき新聞にまとめる際、生徒に後でお気に入りの作品を紹介する活動を行うことを事前に知らせておくと作成時の意欲が高まります。

　自分の感性でお気に入りの詩を選べるという自由度を含んだ交流活動を、生徒はとても楽しんでいました。普段交流の少ない生徒間でも、互いの長所を見つけることで視点が変わり、絆が深まりました。

　この活動をきっかけに友だちになったり、初めて交流したりする様子も見られ、次のようなコメントもありました。

「○○さんへ　私は○○さんと話したこともなく、お互い他人同士ですが、なぜか親近感がわきました。機会があればお話したいです。」

　普段は接点のない生徒からのコメントを通じて、次回のはがき新聞への興味が高まったり、英語は苦手な生徒でも、紹介するために積極的に英詩を読もうとしたりする様子が見られ、英語の授業への意欲も高まったようでした。

　交流活動では、コラボ詩の作成を推奨しました。コラボ詩とは、自分の気に入った詩を解釈し、自分の思いに沿ってアレンジして詩をつくるものです。

子どもたちの成長ポイント

友だちの優れた作品から刺激を受け、コラボ詩に挑戦することで、英詩の表現への理解が深まった！

はがき新聞を二度にわたり作成することで、最初に書いた自分の詩を振り返り、改善につながった！

詩を通して自己認識を深め、豊かな他者理解へと発展できた！

提示した型（because）を用いて、英語で感想を書けています。

"PEACH"に使われている技法ではなく、「桃は種類や季節によってさまざまなドレスを着ているように見え」るという詩の内容面への気づき、視点やひねりについて考察できています。

My favorite poem

Popular
Everyone's favorite
Always nice dress
Cute and very shy
Heart

作者へのメッセージ

私はこの詩を読んでとても感動しました。桃は種類や季節によって様々なドレスを着ているところには、とても共感しました。今まで自分が見ていない視点で書かれていて、自分の詩にはそのようなひねりがなかったのでとても良いと思いました。

Impression

My favorite poem is ___'s because I was impressed by her poem very much. Her poem was written in the viewpoint that I didn't usually see. Expression was devised and was very good.

保健体育を言語化する

◎仲間との交流活動で自己肯定感を高めることができる。

◎運動に対して苦手意識をもつ生徒でも学びを言語化して主体的な姿へと変容させることができる。

◎新たな知識を獲得し、思考を深め合うことができる。

1. 運動ができなくても保健体育で輝ける

　保健体育の体育分野は、机上で学びを得るよりも運動量を確保し、実際に身体活動をともないながら知識や技能を習得していきます。そこで、振り返りや対話学習の場面で短時間に言語化できるはがき新聞を活用することにより、仲間とかかわり合いながら学びを深めることができます。自己肯定感を高めながらすべての生徒が主体的に保健体育の授業に参加し、深い学びを得るためにはがき新聞を実践しています。

　運動をともなわない保健分野の単元では、自分の学びをはがき新聞にまとめて交流活動を行います。運動に対して苦手意識をもっている生徒も、生き生きと作成に取り組みます。

「私の保健新聞」(全学年) 内容例

必 自分の健康のために重要なこと１

選 自分の健康のために重要なこと２

課 自分の健康のために重要なこと３

課 これから自分はどうするか

課 振り返り　　課 感想

「水泳の見学者レポート」(全学年) 内容例

必 本時の学習課題　　必 本時の学習内容

選 重要なポイント

選 まとめ　　課 振り返り　　課 感想

課 次回の授業でがんばりたいこと

他者にわかりやすく伝えられるように重要な語句を着色したり、絵を描き加えたりするなどの工夫をしています。

ココに注目！

ココに注目！

関心のある分野に対して当事者意識をもち、これからの自分の行動や心構えを記述しています。

空気の汚れと地球温暖化　3年4組

①部屋の空気を汚す物質と人体への影響
〈汚染物質〉
二酸化炭素、一酸化炭素、窒素酸化物、ダニアレルゲン、ちり、ほこり、ホルムアルデヒド等

②室内のさまざまな換気方法
0.15%を超えないように換気が必要(二酸化炭素濃度)

自然換気　風力　風力による

強制換気　機械による

③一酸化炭素中毒になる仕組み

通常の働き　赤血球中のヘモグロビンが酸素をつかんで全身へ運ぶ

一酸化炭素が入ると…　一酸化炭素は酸素の200倍の速さでヘモグロビンとくっつく

〈地球温暖化を進めないために〉
二酸化炭素は、人間の呼吸やストーブの燃焼によって起こります。他にも、様々な原因があります。二酸化炭素濃度は、呼吸数の増加や頭痛や吐き気などの症状を知る目安となります。今、二酸化炭素の増加による地球温暖化が環境問題になっています。私たちが少しずつ意識するだけでも変わるので気を付けていきたいです。

2. 全員参加型による深い学びを 実現する

　体育分野の単元では、技能や知識として獲得した学びのポイントをはがき新聞で言語化し、仲間と共有します。共有する様子を観察すると、ほかの生徒の作品と比べながら話し合いをすることにより、自分と違う考えに気づいて「なるほど。」と感じた生徒はA→Bへ考えが変化し、自分と同様な考えに「やっぱり。」と感じた生徒はA→A′へ考えが強化されていました。「なるほど。」や「やっぱり。」といったつぶやきは、生徒がはがき新聞の活動をした後で「新たな知」を獲得している証といえます。さらに、体育分野ではがき新聞を活用することには、支持的風土をつくる効果も感じます。他者を認める風土は、記録会などで自分の限界に挑戦する意欲の向上にもつながっていくものです。

　また、さまざまな理由で見学せざるを得ない生徒は、多くの場合、授業者や仲間の補助をしながら活動を観察し、視覚や聴覚で学んでいます。そこで、はがき新聞を見学者の学びを保障するために活用し、活動のまとめを書くことで体育の授業に参加しているという当事者意識をもてるようにしました。まとめを共有することで、クラス全体の知識や思考も深まり、生徒の自己有用感も高まりました。

子どもたちの成長ポイント

仲間にプレゼンをするために自分らしさを発揮するようになった！

たくさんの情報を簡潔にまとめる力が身についた！

仲間から賞賛され、自己肯定感が高まった！

教科書、ノート以外にもタブレット端末を活用するなど深い学びを実現している！

短時間で自分の考えをまとめて記述できるようになった！

遠慮せずにお互いに助言し合えるようになった！

見学者も着目する視点を明確にもち、細かく仲間の動きを観察するようになった！

自分で意識した動きやイメージを言語化し、自分なりの言葉で表現をして他者へ伝えようと工夫しています。

ココに注目！

走り幅跳び　3-1

①序走と目線を意識しました。序走ではリズムを「イチ、ニ、サン、ダーダー」というリズムで最後の3歩数が合うように調節しました。また、友達に見てもらって、目線などのアドバイスをもらうことができました。これからも頑張りたいです。

②歩数を意識しました。記録が伸びたと思ったので、良かったです。頭で唱えて段々加速していくように調節しました。ふみ切りライスをもらうことができました。目線はなるべく45くらいにしました。

線を意識しました。ふみ切りもしっかりしました。

6-T-3　公益財団法人 理想教育財団

ココに注目！

簡潔なキーワードでまとめられており、次時の学習意欲の高さを感じます。

水泳とは

「浮く」「進む」「呼吸をする」という3つの要素で構成されている運動のこと。

〈クロールのポイント〉 （脚のけり）（身のひき）

☆コンビネーション（キック・プル・呼吸）　3-3番

①よい姿勢・体の位置で泳ぐ
②ストロークをする時に、ひじが落ちない
③足首を伸ばして、足の甲で水をとらえる。
④呼吸時、頭が上がると、体全体で水の抵抗を受けてしまう。　　次泳の腕の一連の動き

〈まとめ〉
・基本姿勢
・理想的なキック動作　このろつを意識して泳ぐ
・呼吸法

6-T-1　公益財団法人 理想教育財団

いじめを乗り越えるために何を大切にする？

実践のポイント

◎授業でまとめたワークシートを再編集し道徳科の学びを残す。

◎道徳的課題と自分とのかかわりを多面的に考えて書く。

◎道徳的諸価値についての理解を基に考えを深める。

1. 道徳の授業の学びを今後の生活へ

　授業の終わりに書く数行の感想だけでは、「道徳科での学びはすぐに消えてしまうのでは？」という懸念を解決できます。授業中に考えを整理したワークシートを再編集する形にすれば、書くための材料を十分に準備できるので、宿題にしても子どもたちの負担感は軽減します。すべての単元で取り組むことは難しくても重要単元には、終末に取り入れ、道徳的課題と自分とのかかわりを考えて書くことで、「道徳的諸価値についての理解を基に、自己を見つめ、物事を多面的・多角的に考え、自己の生き方について考えを深める学習」につながります。

「いじめ問題を乗り越えるために新聞」に入れる内容例

必 「いじり」と「いじめ」の違いや、いじめを乗り越えるために必要なこと

課 （授業中に使用した）「いじめ問題探求カード」を選んだ理由や考えの変化

課 学習を通しての自分の変化

課 自分の生き方を深く考え、今後の生活にどう生かしていくか

「いじりがいきすぎたら、それはもういじめ」と本時の中心発問に対し、自分なりの考えをもつことができています。

「苦手な人とも理解しあい、よい関係へと変えていきたい」と、考え方が広がっている様子からも成長を感じることができます。

1年0組　番新聞

私たちにできること

1-D-

● 大切だと思うこと

① 自分の考えを相手に伝える

宝 思いやりの心をもって人と接する

その理由。私が選んだカードとその理由。

③ 同調圧力に流されない

理 自分の考えを伝えることで、人との信頼関係が深まるし、圧力で流された人の中にも、自分と同じ考えの人がいるかもしれないから。

● いじめを防ぐために

上下にですけど、いい事とやったら！私なりの考えと理由。相手の気持ちを思いやる！

理 そうすると、たちだめなことと別がつけやすい！やがることはしない！という事を直に言える人に憧れる。私は思っていた。

「いじめ」をいきすぎたものにしないで相手エスカレートして嫌な気持ちになり、やめでもいえないのはもう「いじめ」。

苦手な人とも理解しあい、いい関係へと変えていきたい。

● 反省・変化

これからの生き方、もしかしたら、今まで気づかないだけで、何度も「いじめ」をしていたかも。気をつける事を正直に言える人に憧れる。

「いじり」みんな楽しい！

「いじめ」やられる側っ！

と考えていた。だが、相手のことを考えず、傷つけた時にもう「いじり」になるのではないか」と考え方が広がった。

2. 一晩寝かせたあのカレーに!?

　授業の直後に書く感想はつくりたてのカレーみたいなものです。あえて宿題として、家でじっくり1人になって考え直すことで、子どもたちが、道徳科での学びを再定義し、再強化することにもつながります。そうやって、じっくりコトコト考えて仕上げた作品だからこそ、生徒同士の交流活動や教師・保護者の子ども理解も深まり、その子を観る新しい視点も見つかります。

3. 学びのポートフォリオとして 評価に生かす

　自分の成長 before after や、自分の課題、自分が気をつけること、のようないわゆる「自分自身とのかかわりからみた価値の理解の深まり」に関する部分や「個人と集団」「友だちの考え」のような「多面的・多角的な見方への発展」を促すものが書けるよう、はがき新聞を書かせる前のワークシートを評価にも活用できるように工夫すると、学びのポートフォリオとなります。

　いじめ問題を考える授業では、子どもたちがそれぞれ深く考え、自分の思いをはがき新聞にまとめていました。

子どもたちの成長ポイント

いじめられた子が強い気持ちでいられるよう寄り添いたいと思えるようになった!

他人の心を思いやることが大切だと気づくことができた!

「もし自分が…」と自分事として考えられるようになった!

相手の気持ちを考えて接しようと、思えるようになった!

言葉遣いにも気を配ろうと思えるようになった!

「いじり」について軽く感じるのはやめるようになった!

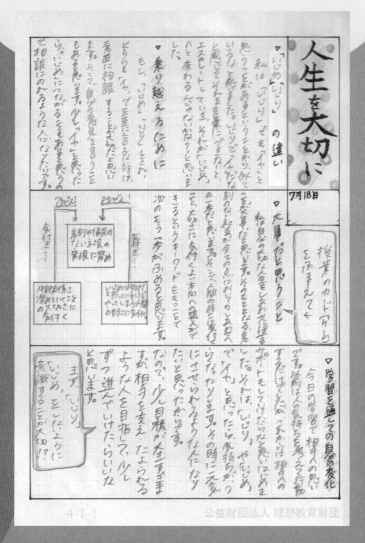

1年間の成果をはがき新聞に

◎学級の1年のまとめとしてはがき新聞を書き、外部に発信する。
◎生徒一人一人の考えが明らかになり、お互いをより深く理解し、関係を深めることができる。
◎年間を通して取り組むことで作品の質が向上する。

1. 学級づくりの基盤として活用する

　はがき新聞はコンパクトなサイズで、「取り組みやすい」⇒「回数を重ねやすい」⇒「成長を実感できるサイクルが早い！」ので、学級づくりの一環として年間を通して取り組むと効果を実感できます。掲示するなどしてそれぞれの思いや考えを知ることができるようにすると、学級への所属意識が高まりますし、生徒同士だけでなく、学級担任と生徒、保護者との間の絆が深まります。学級づくりに生かした実践として、中学1年、3年の最後に取り組んだはがき新聞を紹介します。

『はがき新聞 The Final』（1年生）に入れる内容例

- 必 自分やクラスの成長
- 選 クラスのみんな、支えてくれた人への感謝
- 選 2年生での「なりたい自分」
- 課 学級力アンケートや家庭学習力アンケートの結果からわかる成長（p.86参照）
- 課 みんなの声（インタビュー）

『We love ○○中新聞』（3年生）に入れる内容例

- 必 自分たちが卒業する学校のよさをアピール
- 選 入学前の不安や疑問を解決
- 選 3年間で自分が成長できた点
- 課 みんなの声（インタビュー）
- 課 学習・行事・部活動などの紹介

素直に自己開示し、成長への前向きな言葉が綴られています。「学級の成長は1人では成し得なかった」ことへの気づき、見出しも秀逸です。

ココに注目！

ココに注目！

はがき新聞でまとめる力をつけたと生徒が成長を自覚しています。両親への感謝状というアイデアもこの生徒オリジナルです。

2. 担任と生徒をつなぐ下書き添削

担任がひと手間かけ、生徒の下書きを添削してフィードバックし、生徒が推敲し仕上げます。これにより作品の質が上がり、生徒の満足感も増し、担任にとっても一人一人の生徒を深く理解する機会ともなります。

3. はがき新聞で生徒もクラスも変わる

1年間の学級づくりにおいて、はがき新聞を計8回ほど作成すると、最後のはがき新聞には一人一人の個性がとてもよく表れるようになります。生徒は、クラスメイトのはがき新聞を読むこともとても楽しみにし、クラスメイトの知らない一面に気づくなど、相互理解が深まり、刺激を受け合っていました。「自分もそうなりたい」と思えるようになると、子どもたちは成長し、価値観や行動が変わっていきました。子ども一人一人が変わるとクラスも変わっていきます。そしてまた、個々の生徒も変わり……というよい循環が生まれるのです。

自己コントロール力に課題があり、「はじめはなんでこんなことをやらなきゃいけないんだろう」と思って取り組んでいた子が、最後のはがき新聞では、はがき新聞は自分たちのためだった、自己コントロール力も少し改善したと振り返っています。

当初は消極的だった生徒も作品を重ねるごとにやりがいを感じて積極的に取り組むようになり、自分の課題に向き合うことで、改善するきっかけへとなっていたようです。

子どもたちの成長ポイント

一人一人がクラスのことを本気で考え、本音で語るようになった！

目標に向かって進む過程を大切にし、実感できるようになった！

仲間の価値を再認識するようになった！

はがき新聞作成への抵抗感がなくなり、効率的に書けるように！

自分の学びを振り返り、まとめる力が身についた！

ダイナミックな題字やイラスト、見出しから総合芸術作品としてのはがき新聞の魅力がつまっています。「私たちの学校って最高！」という思いの強さが伝わります。

入学前の不安な気持ちに寄り添う姿勢、あふれ出る母校愛が伝わります。入学予定の小学生からは「この新聞で自信をもてた！」と返事がありました。

全員参加の学級づくり

実践のポイント

◎学級の状態を全員が分析する。
◎生徒一人一人が学級への課題意識を表現する。
◎はがき新聞で学級の状態をあらゆる角度から捉える。

1. はがき新聞で発信力を高める

　学級の中にはさまざまな特性をもった生徒がいます。とりわけ、自分の考えをもっていても人前で発言することをためらう生徒にとって、はがき新聞は有効なツールであるといえます。なぜならば、コンパクトサイズであるがゆえの記述のしやすさや、じっくり考えながら書くことができるというメリットがあるため、自分の思いを外に発信する際のハードルが下がるからです。学級づくりの主役は生徒であり、すべての生徒の声を拾い上げるのは学級づくりの前提であり、それをかなえることができるのがはがき新聞の魅力です。

　学級担任と生徒や生徒同士のつながりは学級づくりにおいて重要な要素です。はがき新聞の活用でその絆はどんどん深まっていくことでしょう。

「学級力新聞」に入れる内容例

- 必 自分や学級の状態
- 必 なぜ学級が現在の状態になったのか
　（よかった点・改善点）
- 選 学級全体で取り組みたいことについての提言

- 選 学級のために自分ができること
- 課 学級に対してどのような思いをもっているか

※学級力向上プロジェクトについては、p.86参照

今後みんなで行うべき活動について提言しており、仲間とつながることで学級をよくしようとする姿勢が伝わってきます。

ココに注目！

学級力
その秘密とは UP!

私たちの学級 2-3

第一回目に出した結果よりも第二回目に出た結果の方が全体的に良くなってきている。みんなで協力できている。

当番の人が問題を低いので、授業中いらないで教え合って話をしているので支え合いができている。ロッカーや帰除道具入れの整理整とんをみんなで、それぞれ呼びかけを行いたいと思います。

学習の項目が低いので、授業中いらないで教え合って話をしている

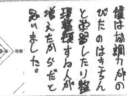

学級力向上プロジェクト 2年3組

僕はね協力系の目標にしていた協調力が1回目の仲が良いほど達成介の団結との結果よりのびていた。他にもあながなにも下代ねこともはなく役割がのびていく上がっていた。一番上上っているのは、達成力

だと思います。クラスはのびたのはき系んと学習したり整理整頓すね人が増えたからだと思いました。

ココに注目！

学級の状態を客観的に捉えることができています。特によかった点に目を向けていて、前向きに学級とかかわろうとしていることがわかります。

2. 生徒の思いを学級づくりに生かすために

支持的風土が醸成された学級づくりを行うときには、学級担任の一存で決まった方針や、発言力の強い生徒の強力なリーダーシップがマイナス方向に働いてしまうこともあります。そこには一部の声しか存在しないからです。全員が過ごしやすい学級には、全員が学級づくりに参加しやすい雰囲気が欠かせません。

そこで、多くの意見を集めるツールとしてはがき新聞を用います。はがき新聞は話し合いの中での一発言とは異なり、記録として残っていきます。そのため、生徒たちは読み手を意識して推敲を重ねることになります。その中で、「何を伝えたいか」「学級をよくするためにはどうしたらよいか」といった内容がより洗練され、一人一人の学級に対する課題意識が明確に表されるのです。はがき新聞を書いていくことで、すべての生徒たちが自然と学級づくりに参加することが可能になります。

3. さまざまな考えがよりよい学級に導く

1で示した通り、はがき新聞は生徒が考えを発信するハードルを下げる効果があります。安心して意見を述べることができるようになると、生徒個々のさまざまな思いが表面化されます。同じ学級を見ていても、捉え方は人それぞれです。生徒たちは、はがき新聞の交流を通して、その違いを知り、受け入れていくようになります。生徒の思いを揃えるのが居心地のよい学級づくりというわけではなく、違いを認め合うことが生徒同士のつながりを生み、よりよい学級へと導くことになるのでしょう。

子どもたちの成長ポイント

自身の考えを練り上げて表現できるようになった！

仲間に伝わるような表現方法で改善策を具体的に提案するようになった！

これまでの活動の振り返りを今後につなげるようになった！

仲間と協力することの大切さを認識するようになった！

学級のよいところと改善すべきところを整理してまとめることができています。グラフで改善の様子が視覚化されています。

個人で努力すべき点と、仲間と協力すべき点をそれぞれ述べ、全員が学級づくりに参加することを示す内容になっています。

学級力向上プロジェクト

アンケートの結果は…
今回は前回より全体的に上がっていて良いと思いました。特に支え合いと修復が良かったです。支え合いは勉強…ているからで、◯の教え合いがよくできているからだと思います。修復は揉め事があっても自分たちで解決できているからだと思います。

90 80 70 60 30
13倍　13倍
支え合い　修復

改善点は…
逆に、整理と時間が下がっています。整理はロッカーの中の不要な物は持ち帰る、時間は一人一人が意識すれば改善に繋がると思います。

自分の成長を確かめる

◎クラスの課題に対してどのように向き合いたいか、生徒の思いや個人のがんばりたいことをまとめることで、自分のこととして課題解決への考えを深める。

◎スマイルアクション（学級をよりよくするための活動）や行事を通してクラスの成長と自分の成長を伝え合い、達成感、自己肯定感へつなげる。

◎自分らしい言葉やイラストで表現できる。

1. クラスの課題を「自分ごと」として 捉えるために

　課題解決について決まった内容や、個人的にがんばりたいこと、クラスの友だちへ伝えたいことなどを新聞にまとめました。完成したはがき新聞を掲示し発表することで思いを共有し、努力が必要なことを指摘したり、成長できたことを励まし合ったりすることができました。さらに学級通信などで保護者にも発信することで、生徒が家族と話し合うきっかけにもなり、クラスをよくしていこうという意識がより高まりました。

『2年A組成長新聞』（2年生）に入れる内容例

「学級力アンケートで見えた課題についてどう取り組むのか」

選「こういうクラスになりたい」という目指したい姿

選 クラスで取り組みたいスマイルアクション

必 私のやります宣言

『3年A組成長新聞』（3年生）に入れる内容例

「学期を振り返っての評価」

「行事が終わった後の振り返り」

必 クラスの長所・短所・課題

必 クラスのみんなへ伝えたいこと

※学級力アンケートについては、p.86参照

こんなクラスになってほしいという具体的な姿とそれに向かう自分の決意「私のやります宣言」がわかりやすく書かれています。

ココに注目！

2Aクラス新聞　6/16 fri

① 私が考える **安心力のある** クラスとは…

あいさつがみんなの積極的にでてきて、相手が誰であっても明るく楽しく会話ができるようなクラス
誰とでもペアでも組める

② クラスで取り組む **スマイルアクション**

🌸 褒め合い、誉め合いのスピーチ
🌸 2A目安箱

③ 私のやります宣言！
[1] 人と会話するときは目を見る
[2] 「ありがとう」「おはよう」などあいさつをたくさん明るく言う。
[3] トラブルが合ってもなるべく自分で受けとめる。

伝説への一歩新聞　2021 10.18

学級力プロジェクト
良かったところ
・一人一人が仕事をやりとげれることが多い。
・団結力が強い。
・一人一人を大切にしようとする。
・目標に向かって頑張れる。

悪かったところ
・私語が多い。
・速く行動ができない。
・けじめがつけれない。

クラスのみなさんへ
自分クラスは一人一人のクラスのために一人、というか成り立っていると思います。
みんなは・体育祭などどこでというときに、一致団結してきました。これからの文化祭、受験なども、一年生一人一人の成長につなげていきたいです。

▼前向きな姿勢を持ち、明るく生活する。
▼時間をよく見て、一人がかりする。一人が変わると周りも変わるね。

◆自分の目標
まず、自分から挨拶してみる。
・クラスの人などをよく見て、このクラスの良いところ、悪いところを詳しく見ていき、いろいろな人と関われるよう心がけね。

ココに注目！

3年間を共に過ごしてきたクラスのみんなへの敬意が表れています。残り少ない学校生活をよりよく過ごそうという気持ちも書かれています。

2. 書くことが苦手な生徒でも イラストなどで表現できる

新聞を書くのは、得意な生徒にはうれしいですが、苦手な生徒には負担に感じることがあります。しかし、はがき新聞は手のひらサイズで、書く内容もコンパクトに収めることができます。

絵が得意な生徒は、イラストや漫画を描くことでも思いを伝えることができます。実際、小さな文字でぎっしり書くよりもわかりやすくなったりします。

3. はがき新聞が自分の思いを語る場になる

本校では年4回学級力アンケートをとっています。その結果を受けてスマイルタイム（学級会）で話し合い、その後の活動としてはがき新聞を書くことにしています。新聞には話し合った内容と自分の行動目標を書きます。そうすることで、課題解決に対する意識が強まります。さらにクラス全体の問題解決への意欲を高めるために、終学活で反省タイムを設け、がんばった人にシールを貼り、成果を可視化しました。「やります宣言」を通して、班ごとで自分以外の人へのかかわりが増え、クラスの絆も深まる結果となりました。また、行事に合わせて新聞を書くこともあり、人前で話すのが苦手な生徒も自分の思いをクラスに伝える手段ともなっています。普段口数の少ない生徒がこんなに熱い思いをもっていたのかと驚くことがあります。

子どもたちの成長ポイント

一人一人が自分のオリジナルの表現方法で気持ちを伝えられるようになった！

目標を達成するために自分が何をすればよいか、はっきり意志を表現することができるようになった！

クラスのかかわり合いが増えた！

クラスの課題を全員で共通理解し、よりよいクラスにしようという意識が高まった！

最高学年として体育祭の縦割り団リーダーを務めたときに感じた素直な思いを語っています。

胸にささった言葉をキーワードとして効果的に表現しています。友だちとのかかわりの中で自分が成長したことについて自信をもって語っています。

マディー　令和3年10月18日

中学校生活最後の体育祭が九月にあった。私は団長を務めた。団員をまとめるのが大変だった。そんな中、私史上一番の落ち込みが到来。とても落ち込み、なぐさめられると、今にも涙が出そうであった。その時、三年生の団員が支えてくれ、とても助けになった。荷物を持ってくれたり、呼びかけをしてくれたり、落ち込む原因であった、アレンジを加えるか問題。悩んでいる時、ある団員の言葉が胸にささった。

怖くて逃げるコトはダサイ。負けてもいいから正々堂々としようよ！

この言葉のおかげで、逃げることをやめ、正々堂々と私たちらしい演技をした。

これから先、怖くて、つらくて、逃げだしたい、と思うことがあるかもしれない。そこで、逃げてしまうと、ダサイし後悔すると思う。そういう時こそ、自分らしく正々堂々とした方がカッコイイ。また、今回の体育祭のように何かを得られるかもしれない。この言葉とともに成長していきたい。

3年間を通してまとめや振り返りに活用

◎総合的な学習の時間の振り返りやまとめに活用する。

◎はがき新聞を3年間ポートフォリオ形式で保存し、活用する。

◎はがき新聞の3段目を活用し、生徒同士の認め合いを生み出す。

1.総合的な学習の時間のまとめに活用する

本校の総合的な学習の時間は主に次の内容で構成されています。

① 　3年間を通して学ぶ地域防災学習とキャリア学習

② 　野外炊さん学習（1年時）、市内巡検学習と職場体験学習（2年時）、修学旅行

（3年時）に関連する事前・事後学習

これらの学習のまとめにはがき新聞を活用するよさは、学んだことをコンパクトに無理なく書けることです。掲示されたはがき新聞を読み合い、生徒たちは互いの学びを共有することができます。また後述の通り、自らの学びを振り返ったり、互いのがんばりを認め合ったりすることができます。

内容例
「防災学習のまとめ」（3年生）

必 防災学習で学んだことを今後の生活にどう
　 生かしていくか

選 学習DVDを見て学んだこと

選 講演会で聴いて学んだこと

「市内巡検学習のまとめ」（2年生）

必 市内巡検で自分ががんばったこと

必 同じ班の仲間ががんばっていたこと

必 市内巡検学習全体を通した感想

「野外炊さんのまとめ」（1年生）

必 班の目標達成のためにがんばったこと

必 班の仲間へのコメント

防災学習で学んだことを短く
端的にまとめています。
「いざとなったとき迷わず行
動をして人を救いたい」と、
決意が表明されています。

ココに注目！

ココに注目！

市内巡検学習での自分や仲
間の行動を振り返り、仲間の
活躍を素直に書き表すことが
できています。

2. ポートフォリオとして3年分を保管する

　本校は3年間の学びを蓄積するために「キャリアファイル」というフラットファイルを活用しています。総合的な学習でまとめたはがき新聞を、このファイルに蓄積していくことで、生徒はいつでも自分自身を振り返ることができます。

　また本校では、学校行事の振り返りもはがき新聞を活用して行っています。生徒は体育祭や合唱祭の前に、前年度のはがき新聞を読み返します。1年前と現在の自分を比べて成長を感じ取りながら、今年度自分が目指す姿を決めています。

3. はがき新聞の3段目を活用し、 生徒同士の認め合いを生み出す

　以前は、はがき新聞を4人班で読み合って学びを共有すると同時に、付箋に互いへのコメントを書いたものを、一緒に掲示していました。しかし付箋は傷みやすいため掲示するには糊付けしなければならず、せっかく手軽に掲示できるはがき新聞のよさが失われていました。

　そこで、はがき新聞の3段目を班の人数で割り、互いへのコメントを書くように試みました。書くことが苦手な生徒も、量が限られるので書く内容に迷うことなく取り組んでいました。認め合いが言葉として共有されることで、単なる学習のまとめを超え、学級の支持的風土の醸成にもつながっています。

子どもたちの成長ポイント

自分が学んだことについてポイントを絞り、端的にまとめられるようになった！

はがき新聞を3年間蓄積することで、前年度までの自分と現在の自分を比べ、成長を実感できるようになった！

自分と仲間のがんばりに注目することで、単なる学習のまとめではなく、認め合いが自然にできるようになった！

班の目標を達成するために自分ががんばったことを短い言葉で、的確に書き綴っています。

野外炊さん活動で行動を共にした仲間から前向きなコメントをもらうことで、認め合う気持ちをもつことができています。

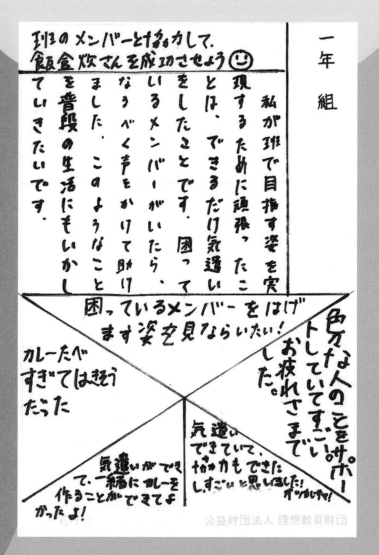

班のメンバーと協力して、飯盒炊さんを成功させよう☺

一年組

私が班で目指す姿を実現するために頑張ったことは、できるだけ気遣いをしたことです。困っているメンバーがいたら、なるべく声をかけて助けました。このようなことを普段の生活にもいかしていきたいです。

困っているメンバーをはげます姿を見ならいたい！

カレーたべすぎてはきそうだった

色々な人のことをサポートしていてすごい。お疲れさまでした。

気遣いできていて、協力もできた。すごいと思いました！オツかれ！

気遣いができて、一緒にカレーを作ることができてよかったよ！

公益財団法人 理想教育財団

夢を実現させた未来〜キャリア教育

◎2年生で取り組む職業学習の事前学習になる。
◎中学校卒業後の進路を考えるきっかけとなる。夢の実現をゴールとして、そこに至るまでの道のりを、大まかに考えられる。
◎未来の前向きな見通しが、学習や探究の原動力となる。

1. キャリア教育の導入としてのはがき新聞

　本校では2年生で、職業について探究しています。その事前学習として、1年生の春休みに、はがき新聞を宿題にしました。はがき新聞は、書くスペースが限られているため、職業について詳しくわからない生徒たちにも、作成する負担にならなかったようです。

　10年後に憧れていた職業に就いた自分自身を、はがき新聞で表現します。しかも、新聞記者になりきり、自分の未来の姿を客観的な視点で、記事にしていきます。

　さまざまな困難はあったけれども、中学校時代に描いた夢を大切にしながら、ついに夢を実現させた自分の姿を先取りして記事にします。

「職業新聞」(1年生)に入れる内容例

必 10年後に憧れていた職業に就いた自分自身の姿を表現する

必 自分のことを詳しく取材した新聞記者の視点で新聞記事を書く

選 どんな職業に就いて、どんな暮らしをしているのか

選 その職業を選んだ理由や、夢を実現するまでの道のり

課 その職業を目指したいと言ったとき、家族の反応はどうだったか

課 夢を実現させたとき、家族の反応はどうだったか

中学1年生の春休みの時点で、こんな未来になったらいいなぁ、こんな職業に就きたいなぁと、具体的な将来像を描いています。

ココに注目！

ココに注目！

理想の未来にたどり着くまでの経過や家族の反応も書かれていて、本当に実現したことのように感じさせられます。

2. そうなればいいと思える未来を考える

中学1年生では、なりたい職業がはっきりしている生徒の方が少ないと思います。しかし、数年後には中学校を卒業し、高校・大学などで学んだ後、多くの生徒が就職します。そこで自分が満足できる近未来の姿を、少し具体的に考えてもらいました。

3. 夢を実現させた姿を 記者の立場で表現

長年の夢を実現させたスポーツ選手や研究者の記事を参考にしながら、新聞記者になりきり、なりたい職業に就いた自分の姿を、想像して書きました。

記者として記事を書くということは、未来の自分を客観的に、第三者の視点から見つめる経験ともいえます。つまり、この活動を通じてメタ認知能力を働かせることになるのです。

新聞の日付は今から10年後、生徒たちが中学校を卒業して数年経った未来です。記事には、自分がどの地域で、どんな生活をしているのかなど、できるかぎり具体的に想像して書いてもらいました。

実現するまでの見通しや、夢を実現させたときのうれしい気持ち、家族の肯定的な反応、どんな仕事か、どのように働いているかなどを、より鮮明にイメージできると、学びに向かう力も高まっていくと考えています。

子どもたちの成長ポイント

新聞記者になりきって自分を取材することで自然にメタ認知能力を発揮していた!

新聞記者になりきって肯定的に表現することで、自己肯定感を高めていた!

職業選択をする際に、自分が大切にしたい価値を考えていた!

自分が夢を実現した、うれしい気持ちを疑似体験していた!

夢が実現した際の周囲が喜ぶ姿を想像していた!

書店の店員さんになりたいという気持ちが伝わってきます。具体的な仕事内容を、わかる範囲で記事にしています。

なぜ、書店の店員さんになりたいと思ったのかを記事に盛り込み、イラストを加えるなどして、魅力的な紙面にしています。

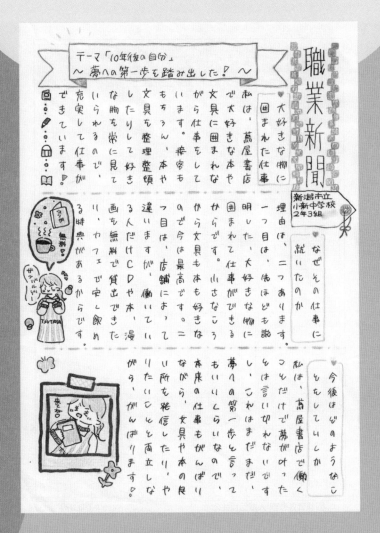

自分の生活と学習をデザインする

◎自身の学習の進捗状況やゴールの見通しをもつことができる。

◎はがき新聞に書いた自分の決意が自分を励ます伴走者になる。

◎1枚の用紙の3段を1段ずつ3回に分けて書くことで、子どもの
負担軽減につながる。

1. 学習のゴールの見通しをクリアにする

　家庭学習力アンケート（p.86 参照）を活用し、子どもの生活と学習の様子をレーダーチャートで可視化させ、その結果をもとに子ども自身で自律的に探究を進めていく学習ではがき新聞を取り入れます。

　アンケートの結果をもとに作成したはがき新聞は、自分の状況を自覚し、課題や決意をまとめ、学習のゴールという見通しをクリアにすることに役立ちます。子どもたちは、失敗や成功を体験する中で、前向きに学習を継続させていく力を身につけていきます。

「自分の生活と学習をデザインしよう新聞」に入れる内容例

- 必 ワークシートのマトリクスで書いた自分の解決策
- 選 自分の勉強・生活の目標、課題
- 課 データ（数字、グラフ）
- 課 家庭学習力アンケートの結果に対する自分の分析、考察
- 課 自分と学級の2つのグラフの比較
- 選 保護者や友だちのアドバイス（取材する）

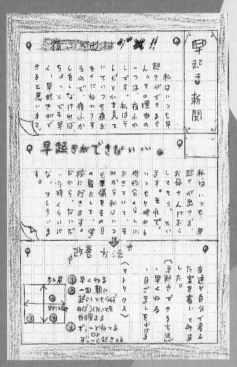

1年生

「早起きをする」課題に対しての改善方法をマトリクスで整理しています。
（作成後には課題解決済）

ココに注目！

ココに注目！

「ゲームのやり過ぎ」という新たな課題に対し、中間評価、最終評価を経て学習意欲の高まりを見せています。

1年生

2. 進捗状況の自覚化、可視化

　定期テストのときに行った実践では、定期テスト1か月前から、1週間ごとに2段目、3段目と書く方式をとりました。各段の内容はいろいろ考えられます。例えば、2段目には中間評価として、課題に対しての進捗状況をまとめ、3段目には、テスト終了後の最終評価をまとめるという方法もあります。こうすれば、自分が立てた目標に対する進捗状況を自覚できるので、修正・改善が行いやすくなるでしょう。書くための時間も短くすむため、子どもの負担軽減にもつながります。

3. 自分自身を励ます伴走者

　中学生にとって、学校という場所は学習から興味を失うと、途端につまらない場所になってしまいます。これまでの学習における指導は、「がんばって勉強しよう。」「家庭学習のコツは○○だよ。」などの、学級担任として指導を積み重ねた経験則や自身の学習者としての体験で語られることが多かったように思います。本実践のように子どもが主役となり、自律的に探究を進めていける学習の枠組みを用意し、級友も担任もその子どもの探究を応援していける空気づくりをする際に、はがき新聞の果たす役割は大きいといえます。

　相手意識、目的意識をもってコンパクトにまとめられ、一覧性もよく交流活動にも最適です。何より、そこに綴られた自分の決意は、一番説得力のある自分自身を励ます伴走者となり、周りの人へも勇気を届けてくれます。

子どもたちの成長ポイント

テスト勉強の仕方を共有することができ、自分に合った勉強法を見つけられた！

テストの点数ではなく、学習過程に価値を見出せるようになった！

学習の進捗状況を自覚できるようになった！

学習に対しての前向きな気持ちがあふれる学級の空気ができた！

自身の改善点を再認識し力強く宣言しています。2段目の「SNS通知オフ」という具体策もうまくいき、自信がみなぎる様子が伝わります。

学習に対する熱意の発信が、級友にポジティブな学びの空気をもたらし、共にがんばるムードの醸成に貢献しています。

改善、実行 期末試験へ！ 3.G.

〜改善点の再認識〜

今年の自分の改善点、あるいは『目標』は、「学習内容を復習して、よりよいものにする」です。冬の受験までにどれだけ本当にいい学習が身につくかは分からないけど、悔いのないものにしていきたいという強い信念を持てがんばります。

『只今、絶賛、実行中‼』

上の改善点について、前回の新聞で書いたマトリックスの内容を『実行中』です。例えば、「SNS通知オフ」です。やってみたところ、思った以上に効果があり、学習が終わった後でも、「今日の復習をしよう」と思えるようになり、よりよい学習に日々近づいていっているという自信が少しでてきました。

待ってろ期末テスト‼

今年度から塾に通い始めましたが、中間テストの結果はあまりかんばしくなく、面あせっていただけど、期末テストに挑むつもりです。今度こそは万全の準備をつくして、期末テストに挑むつもりです。そのために‼ 一番大事なのは修学旅行帰宅後のエンジンをかけるタイミングです。いいスタートダッシュができるよう頑張る。

3年生

私の感じたことをお世話になった人へ

実践のポイント

◎実習で学んだことや学校生活でがんばったことをまとめ、実習先でお世話になった方や保護者へ発信する。

◎生徒一人一人が学習したことや日頃感じていることを表すことで、地域のお世話になった方や保護者との関係を深める。

◎思春期特有の直接声に出して伝えられない気持ちを、はがき新聞を通じて、素直に表現できるようになる。

1. 実習や行事のまとめ、学期の振り返りで使いやすい

　実習や学校行事の内容によって、はがき新聞の用紙の枚数や大きさを、その都度変更することで、バリエーション豊かにまとめをすることができます。また、まとめた用紙をクリアポケットに入れ、掲示をしたり、お世話になった実習先にお礼状の代わりとして送ったりして、地域の方や保護者に思いを伝え、交流のきっかけができるツールとして活用できます。

　保育園での実習をはがき新聞にまとめ、お世話になった保育士さんへお礼の手紙として届けた活動と、中学校に入学してから1学期の振り返りをまとめ、直接口に出さない素直な思いを保護者に伝えたはがき新聞を紹介します。

「保育実習まとめ新聞」（3年生）に入れる内容例	「N中学校に入学した私の思い」（1年生）に入れる内容例
必 保育実習から学んだこと	必 1学期がんばったこと
選 保育実習で感じたこと	選 入学して感じたこと
課 実際に幼児と触れあってわかったこと	選 挑戦したいこと
課 幼児の様子を見て気づいたこと	

保育実習の様子や感じたことを振り返り、自分の言葉で、まとめることができています。

ところどころに入れたイラストは、保育場面を想起させ、保育実習の楽しさも伝わってくるようです。

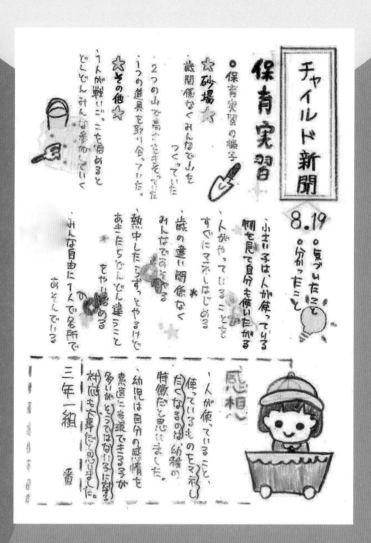

2. はがき新聞で生徒も保護者も変わる

　はがき新聞は、家庭では見せない思春期特有の「学校での顔」を素直に表現することができ、保護者に「生徒たちの成長」を感じ取ってもらいやすいツールです。生徒は面と向かって「伝えられないこと」も、はがき新聞であれば書くことができます。

　中学校に入学してからの振り返りをまとめたはがき新聞を、懇談会の際に待合室に掲示し、普段なかなか伝えられない思いを保護者に見てもらいました。

　仕上げた作品を保護者が見ることで、直接話さなくても、心と心をつなぐツールとなります。保護者には、生徒の素直な心や周りの人を大切にしていることを感じてもらえます。

3. 思いが伝わることで信頼が生まれ、意欲が高まる

　はがき新聞の活動を通して、生徒や保護者、地域の方々と学校との信頼関係が増します。

　「見せる」はがき新聞だからこそ「魅せる」工夫をすることで作品の質と生徒の満足度が上がり、相手意識も高まります。はがき新聞の活用例を教室に置くと休み時間に閲覧する生徒もいて、活動時にはレイアウトや色づかい、コマ割りを参考にしていました。

　心も体も急成長する中学生だからこそ、自分の思いを自分の文字で刻む活動を大切にしたいです。子どもたちはゆっくりと振り返り、本来の自分と向き合うことで、素直な自分を表現できると感じます。

子どもたちの成長ポイント

自分と向き合う時間と他者意識を大切にできるようになった！

自分の思いを文字にすることで、目標や取り組みたいことに向かって進む過程を実感できるようになった！

慌ただしい学校生活の中でもやりがいや人間関係の潤いを感じている様子が目に浮かんできます。

デジタル全盛期ですが、手書きによって個性が表現されています。あたたかみが感じられます。

成長新聞

一学期に私が頑張っ・たこれからの学校生活に向けて、スポーツだけでなく、勉強との両立もしていきたいです。大変かもしれませんが無理のない程度で頑張ります。

一年六組　番

〜1学期を振り返って〜

〜西中に入学して2つ感じたことがあります。それは…校舎大きい！先輩すごい！ということ。追い〜つけるようにがんばります。

のは部活と水泳の両立です。支なく、所大会がすぐなのでキツイケど頑張ります。

最近　授業　活動！新聞！　つかれた　クラブ　帰宅

個人探究の魅力をはがき新聞に

実践のポイント

◎長期休暇中に行った個人探究のまとめ活動として行う。

◎新聞記者になりきり、記事を書く。個人探究の取組や内容を、周囲の人にわかりやすく伝える。

◎探究成果を家族に発表したときの家族の反応も記事に加える。

◎タブレットを使って、はがき新聞をつくる。

1. 個人探究の意味づけ、価値づけを行う

　市販の新聞には、さまざまな分野の研究成果や先進的な取組が紹介されています。記事には、研究成果だけでなく、研究者が研究を始めた理由や研究過程での苦労、研究成果の価値や意義が紹介されています。

　この実践では、新聞記者になりきり、自分の探究成果をはじめ、探究を始めた理由、探究の価値や意義を紹介していきます。そのことで、自分の取組を肯定的に表現し、探究の意味づけや価値づけを行っていきます。

「防災新聞」（1年生・夏休み）の内容例

必 夏休みに取り組んだ防災に関する個人探究の内容

選 防災をどの教科と関連づけて探究したのか

選 どんなアプリケーションを活用して、探究をまとめていったのか

課 家族の前で発表をした後、家族と防災のために取り組んだこと

課 授業で地元の防災士から教えてもらったこと

「福祉新聞」（1年生・冬休み）の内容例

必 冬休みに取り組んだ福祉に関する個人探究の内容

選 自分が興味のある教科は何で、その教科と福祉を、どのように関連づけたか

課 授業で聞いた福祉関係者からの話

課 探究成果を聞いた家族の感想や助言

1人1台端末を活用して、作成したはがき新聞です。イラストを加え、色を塗り、視覚的にも魅力的な新聞にしています。

令和4年　9月26日（月）

防災新聞

4-T-1 はがき新聞ひろば用　　公益財団法人 理想教育財団

新聞記者になりきり、個人探究に取り組んだ人への敬意が伝わってきます。

2. 1人1台端末の活用で、
　　多様な表現が可能に

　タブレット端末を活用して作成しました。はがき新聞の原稿用紙を画像として取り込み、その上に記事を書きました。ICT 端末を使用すると、記事の修正がしやすく、お絵かきソフトと併用すると、色塗りやイラストの挿入も容易に行えます。

3. 新聞記者になりきり、
　　はがき新聞を作成

　新聞記者になりきって作成しました。自分の個人探究を新聞記者が記事にするとしたら、どの部分を取り上げ、どのように表現するかを想像し、実際にインタビューするようなイメージで文章にしていきました。

　市販の新聞を参考にすると、学ぶことがたくさん見つかります。どの記事も、いつ、どこで、誰が行ったことなのか（5W1H）など、内容を理解する上で必須の情報が、わかりやすく盛り込まれていることに気づくでしょう。

　また新聞では、記事になった人へ敬意を払い、その取組のよい点や工夫、苦労した点、周囲の反応を肯定的に表現しています。

　自分の探究を客観的に、肯定的に表現することは、探究したことの意味づけや価値づけにつながると考えています。

子どもたちの成長ポイント

自分の探究の価値づけや意味づけを行う機会になった！

新聞記者になりきって自分を取材することで、自分の探究を客観的な視点で評価できるようになった！

新聞記者になりきって自分を表現することで、自分の探究のよさに着目することにつながった！

個人探究のレポートだけではわからない、探究テーマを設定した理由や、レポートを作成する際に心がけたことが書かれています。

福祉に関する探究を保健体育や家庭科と関連づけています。発表を聞いた家族からほめてもらい、充実感を得ていることもわかります。

令和5年1月19日（木）

福祉新聞

（発行者）新潟市立小新中学校 1年3組　番

探究テーマ「健康に良い献立の作り方や、高齢者もできるストレッチ」〜私のレポートは、こんなにすごい！〜

◉ さんはどのような思いで作ったのか？

新潟市立小新中学校の さんは、冬休みに福祉の発表レポートを完成させました。このレポートは、冬休み前までに総合的な学習で習ったことに加え、冬休みに新たな探究を行いまとめたものです。

今回の探究では、「エルマおばあさんからの最後の贈り物」などと関連付け問いを立てました。 さんは、「最期の時を家で過ごしたいと言っていたので、家でできる健康に良い献立の作り方や高齢者もできるストレッチについてレポートを作ろう！としたらおばあちゃん、おじいちゃん家に行った時に、献立を作ってあげたり、一緒にストレッチができるかもしれない」

このような思いで、実際に実践したそうです。素晴らしいですね！

◉ さんの隠された工夫とは!?

今回、 さんの発表レポートは、スライドではなく、動画だけで提出しました。そのため、前回の災害や防災の発表の時とは違うような工夫をしたそうです。

その工夫は2つあります。

1つ目は、ゆっくりすぎず、早すぎず、ちょうど良いスピードで聞こえやすく、はっきりと発表すると言うことです。動画で発表するので、動画の進む速さが早かったりすると、早口になり、何を言っているのか、分かんなくなってしまう時があります。ですが、1番は相手に伝えることなので、 さんはこれを意識しながら発表するようにしたしそうです。

2つ目は、誰もが分かりやすい言葉を使ったそうです。先ほどもお伝えしましたが、一番は相手に伝えることなので、それを意識してレポートを作ったそうです。

◉ 発表を、おばあちゃんの前で

さんは、体育と家庭科と関連付けて探求を進めました。健康に良い献立の作り方と高齢者もできるストレッチを調べてみたら、細かくわかりやすく書かれていました。レポートをおばあちゃんの前で発表したら、「すごくわかりやすかったよ」「これからも続けていきたいと思った」と言ってくれて嬉しかったそうです。

A5判 8-T-1 はがき新聞ひろば用　　公益財団法人 理想教育財団

おわりに

　私たち執筆者一同は、はがき新聞のよさを実感して、これまで10年以上にわたり豊かな実践を積み重ねてきました。本書の刊行を間近にして、いま大きな達成感を感じています。

　それは、教師が実践をやり遂げたという充実感である以上に、はがき新聞の作品を通して子どもたちの発想や表現の豊かさとみずみずしさに触れることができた幸せにほかなりません。

　どのページに掲載されているはがき新聞の作品も、思いを込めて真剣に綴った子どもたちの心の声なのです。子どもたちの本物の魂が込められた芸術作品なのです。

　読む者に感動をもたらす作品が、なぜ子どもたちから次々と生まれてくるのでしょうか。それは、はがき新聞という新しい表現ツールが提供してくれる、「自分と真剣に向き合う時間」があるからなのです。

　勉強や遊び、ゲームやSNSで毎日を忙しく過ごしている現代の子どもたちは、いつも自分のまわりの世界ばかりを気にしていて、自分を見つめることができていません。

　「自分の意見は何だろう？」「私は、この考えに賛成かな、反対かな？」「賛成する理由はどうしよう。」「自分の体験にはどんな意味や価値があったのかな？」「どんな提案をすればみんなが笑顔になるかな？」などのように、真摯に深く自問自答をする習慣をもつことが子どもたちの自己成長には不可欠です。

　はがき新聞は小さくて薄い1枚の紙切れですが、その奥深さには、子どもたちの計り知れない個性と夢があふれています。ぜひとも本書の子どもたちの作品からエネルギーを感じていただき、自分と向き合い自分を深くみつめる自分を育てる教育を始めてくださることを心から期待しています。

2024年1月吉日

田中博之

執筆者一覧

監修

田中博之	早稲田大学教職大学院教授	p.140
森山卓郎	早稲田大学文学学術院教授	pp. ii〜v

I

今宮信吾	大阪大谷大学教授	編者	pp.2〜9
蛯谷みさ	大阪体育大学教授	編者	pp.10〜21
彦田泰輔	尾張旭市立旭中学校教諭	編者	pp.22〜35、 III pp.96〜99、104〜111、128〜131

II

岸　香里	熊取町立中央小学校教諭	pp.38〜41
平林千恵	はつしば学園小学校教諭	pp.42〜45
梅澤　泉	新宿区立花園小学校教諭	pp.46〜49、78〜81
新井瑠香	本庄市立金屋小学校教諭	pp.50〜53
日比野浩規	名古屋市立神宮寺小学校教諭	pp.54〜57
明比宏樹	今治市立常盤小学校教諭	pp.58〜61
水谷智明	八幡市立中央小学校教諭	pp.62〜65
儀間裕勝	宮古島市立伊良部島小学校教諭	pp.66〜69
比嘉美保	沖縄県立桜野特別支援学校教諭	pp.70〜73
宇都　亨	尼崎市立小園小学校教諭	pp.74〜77

III

兼松健太郎	扶桑町立扶桑中学校教諭	pp.88〜91、112〜115
川﨑美希子	盛岡市立松園中学校教諭	pp.92〜95
坂井孝行	新潟市立大形中学校教諭	pp.100〜103
上山優美	鳥取市立千代南中学校教諭	pp.116〜119
髙尾早彩	新潟市立大形中学校教諭	pp.120〜123
小林　智	新潟市立小新中学校教諭	pp.124〜127、136〜139
河村敏文	日進市立日進西中学校教諭	pp.132〜135

column

磯部征尊	愛知教育大学准教授	pp.32〜35
藤原寿幸	横浜国立大学教職大学院准教授	pp.82〜85

ミズノ兎ブックス
mizunoto books

© 立命館大学白川静記念 東洋文字文化研究所

「書けない」から「あっ 書けた！」へ
子どもが変わる　はがき新聞のすすめ　小・中学校の実践

2024 年 2 月 26 日　初版第 1 刷発行　　　　　　〔検印省略〕

監修者　　田中博之　森山卓郎
編　者　　今宮信吾　蛯谷みさ　彦田泰輔

発行者　　清水祐子
発行所　　ミズノ兎ブックス
　　　　　〒302-0025　茨城県取手市西2−1−F713 株式会社 APERTO 内
　　　　　TEL /FAX 0297(73)2556

ブックデザイン　直井薫子（CHICACU Design Office）

印刷・製本　　モリモト印刷株式会社

©Shingo Imamiya et al, 2024　Printed in Japan
ISBN 978-4-9913421-2-7　C3037